幸福教育方略

学NLP，
做智慧父母

范先稳 著

河北出版传媒集团

河北教育出版社

图书在版编目（CIP）数据

学NLP，做智慧父母 / 范先稳著. -- 石家庄：河北教育出版社，2024.11. -- (幸福教育方略). -- ISBN 978-7-5545-8948-9

Ⅰ.G781

中国国家版本馆CIP数据核字第2024JC9963号

学NLP，做智慧父母

XUE NLP ZUO ZHIHUI FUMU

作　　者	范先稳
责任编辑	孙雪松
装帧设计	于　越
出版发行	河北出版传媒集团

河北教育出版社 http://www.hbep.com
（石家庄市联盟路705号，050061）

印　　制	石家庄燕赵创新印刷有限公司
开　　本	787mm×1092mm 1/16
印　　张	19
字　　数	288千字
版　　次	2024年11月第1版
印　　次	2024年11月第1次印刷
书　　号	ISBN 978-7-5545-8948-9
定　　价	68.00元

版权所有，翻印必究

序

自2014年自主开发了《学NLP，做智慧父母》课程，并做了几期培训后，我就有了将课程内容整理成书的想法：一是觉得书籍作为传播知识和智慧的途径更便捷，传播范围更广泛，由此产生的社会价值也更大；二是相信这个课程能够帮助更多亲子关系出现问题的家庭找回久违的幸福；三是可以给参加过现场培训的家长提供一些继续学习的便捷的纸质材料。随着培训、咨询的家长越来越多，写书的念头也越来越强烈，我发现许多家长在很努力地以爱的名义"摧残"孩子，致使孩子被"爱"得"遍体鳞伤"，而家长并没有察觉，正所谓"制造教育灾难的人，往往是那些有着强烈教育意愿但是缺乏教育能力的人"。

成书的想法一直都有，由于对自己文字功底的不自信，几次提起笔来又放下了。虽说写作没能继续下去，但是思考一直没停，课程内容也在不断地充实。直到在一次培训中讲到大脑工作原理时，我为家长们出示了一段文字："研表究明，汉字的序顺并不定一能影阅响读，比如当你看完这段话后，才发这现里的字是都乱的。"既然大脑在接收外界信息时会对信息进行"删减、扭曲、归纳"，那么我有理由相信人们能看懂我的文字，能够从我这"不自信"的文字中获得有价值的信息，帮助他们树立正确的亲子教育理念、学到帮助孩子成长的NLP技术。想到这些，终于打破了困扰我多年的限制性信念，开始提笔写作，2021年出版了我的第一本书《方法对了，教育就简单了》。

我把《方法对了，教育就简单了》定位为写给教师和家长的教育工具书，重点是解决孩子学习中的诸如"动力不足、偏科、考试焦虑、学习方法低效"等疑难杂症。《学NLP，做智慧父母》则侧重亲子教育理念和高效沟通技术，两本书相辅相成。

本书是根据《学NLP，做智慧父母》课程整理出来的，考虑到读书和现场培训的不同，为了能引发读者的思考，保留了现场培训的很多问句。在阅读本书时，如果能在大脑中想象出一个培训场景，您正在同作者互动交流，或许会觉得更生动一些。

此外，在本书的第五章"答疑解惑"中，我整理了四十多个问题，这些问题大多来自我在《今日头条》中回答的老师和家长的提问，其中的内容可能与前文有些重复，好在"重复是学习之母"。这部分内容可作遇到类似问题时的参考。

本书避开了一些复杂的概念，也很少引经据典，在表述时力求简单明了，希望它是一本人人能看懂的亲子教育书，更是一本可以轻松上手进行教育实践的亲子教育书。

感谢唐山市丰润区恒之华书店杨晓华老师多年来对《学NLP，做智慧父母》课程的悉心呵护；感谢李钢老师、孟云老师、贾新华老师、郑立春老师、王芳老师在书稿整理过程中给予的大力支持；感谢河北教育出版社编辑老师的精心指导。

第一章 神奇的NLP

N（Neuro）——神经 / 3
什么是回忆？ / 4
写生字不再愁 / 7
这样背单词更有效 / 9
孩子是厌学吗？ / 10
大脑其实很有趣 / 12

L（Linguistic）——语言 / 19
刀子嘴豆腐心 / 19
屡败屡战 / 20
虽然、但是和同时 / 20
如果你告诉我，会告诉我什么呢？ / 22

P（Programming）——程式 / 24
开放与封闭 / 25
黑洞与发光体 / 26
落井下石与雪中送炭 / 27
心想好事好事成，心想坏事坏事成 / 28
关注80%，还是关注20% / 29
父与子的战争 / 32

新"三从四得" / 35

结缘NLP / 39

绽放的幸福 / 41

智慧语录 / 43

第二章　方向比努力更重要

"爱+技术"成就良好的亲子关系 / 46

家长这样做，你觉得怎么样？ / 48

如果遇到这种情况，你会怎么办？ / 49

"问题孩子"是评价出来的 / 50

成长性问题和操作性问题 / 52

解决成长性问题的唯一方法就是家长学习！ / 53

学习是有风险的，并非开卷都有益 / 56

我是谁？ / 58

为谁而学？ / 62

我能为孩子做些什么？ / 66

阅读本书你可以得到什么？ / 69

智慧语录 / 72

第三章 亲子教育理念

接纳是改变的开始 / 74
  "优生"躺平竟是…… / 78

往瓶子里装什么？ / 81

成长型思维和固定型思维 / 82
  你很聪明，就是不用功 / 83
  借假修真 / 85
  "怪兽"的故事 / 87
  两种思维模式下行为上的差异 / 89
  培养成长型思维的十大假设 / 90

什么是真正的爱 / 93
  父母对子女的爱以分离为目的 / 94

为孩子的成长预留空间 / 97
  自信与焦虑 / 97
  体验全过程 / 99
  艾德·梅尔老师的故事 / 100
  广阔的视野 / 103
  走出网瘾 / 104
  还自由给鸟笼 / 108

园丁和木匠 / 111

价值感是孩子的生命动力之源 / 115

抑郁与价值感的缺乏　/ 115

为孩子创造体验价值感的机会　/ 118

让孩子融入家长的思想圈　/ 120

游戏上瘾背后的逻辑　/ 121

让人头痛的小男孩　/ 123

我也行——价值感让龙龙脱胎换骨！　/ 126

逆反是怎么回事？　/ 129

一个让我带着眼泪看完的故事　/ 133

如何对待孩子的错误　/ 137

引导孩子理解和热爱老师　/ 140

智慧语录　/ 143

第四章　沟通的智慧

亲子沟通中存在的问题　/ 147

孩子的抱怨　/ 147

家长的抱怨　/ 148

我讨厌数学老师　/ 149

沟通的障碍　/ 151

每个人都有自己的心灵地图　/ 151

我是对的　/ 153

家不是一个讲理的地方　/ 155

我都是为你好　/ 157

语言的模糊性 / 160
　　下切、上推和平行 / 161
情绪对沟通的影响 / 165
　　倾听的技术 / 166
先跟后带 / 168
　　跟 / 168
　　带 / 179
培养孩子成长型思维的沟通策略 / 181
表扬 / 187
　　怎样表扬孩子更有效？ / 190
批评 / 192
　　建设性批评策略 / 193
几个实用沟通技巧 / 197
　　鱼仔文化 / 197
　　讲故事 / 198
　　大象耳朵嘉许法 / 199
　　我趴啦 / 200
沟通案例 / 202
智慧语录 / 214

第五章　答疑解惑

一、关于作业辅导　/ 216

1. 家长辅导孩子写作业时"鸡飞狗跳"是常态吗？　/ 216

2. 妈妈辅导孩子作业经常被气哭，你怎么看？　/ 217

3. 孩子上小学四年级，写作业拖拉、磨蹭怎么办？如何解决？　/ 219

二、关于学习动力　/ 220

1. 面对不想学习的孩子该怎样教育？　/ 220

2. 孩子学习动力不足怎么办？　/ 221

3. 孩子六年级，有厌学倾向，该怎么办？　/ 223

4. 三年级学生开始厌学了，对家长和老师的话油盐不进！怎么办？　/ 224

5. 小孩刚上一年级，遇到了一个严格的班主任，现在小孩严重恐惧，不肯上学，可否支招？　/ 225

6. 当孩子的确不是读书的材料时，你是失望地放弃，还是包容地接受？　/ 225

7. 一年级孩子平时作业都能完成，周日家长布置的额外作业就是不做，厌学了，怎么办？　/ 227

8. 女儿上高二，很懒，成绩倒数第七，家长该怎么办？还有机会吗？　/ 228

9. 孩子上课走神，家长快崩溃了，该怎么办？　/ 229

三、关于学习方法　/ 230

1. 小学生总是记不住英语单词，该怎么办？　/ 230

2. 如果孩子四年级还有好多字不会写，怎么改变这种状况？ / 231

3. 孩子上二年级，每天都盯着他写作业，一题一题地跟他解释，为什么成绩就是提不上去？ / 231

4. 造成学生怕写作文的因素有哪些？ / 232

5. 我家孩子高三了，成绩却一直卡在100名出头，孩子每天都在刷题练习，就是效果不是特别显著。有什么好的办法帮助孩子突破瓶颈吗？ / 233

四、关于考试焦虑 / 234

1. 高考临近，越来越焦虑怎么办？ / 234

2. 对考试感到非常焦虑怎么办？ / 235

五、关于成长型思维培养 / 236

1. 一年级成绩总是90分左右，孩子算是差生吗？ / 236

2. 16岁男孩，在重点高中的重点班，成绩优秀，突然不去上学了是为什么？ / 237

3. 为什么有的孩子爱抱怨？ / 238

4. 当下，孩子的期中考试成绩即将或者已经知晓。对此，你有哪些感触？ / 239

5. 孩子每次犯错就害怕跟我们说，怕我们会指责他。他现在小学二年级，我们该如何指导他呢？ / 240

6. "差生"之痛谁能理解？如何摘掉班级中"差生"的标签？ / 241

7. 孩子聪明，但不用到读书上面，怎么办？ / 242

8. 据报道，一个15岁男孩从高层坠楼身亡，疑因考试没考好想不开。你怎么看？ / 242

9. 一年级期末成绩出来了，语文94分，在班级里还是倒数。该怎么

办？头疼！ / 243

六、关于叛逆、游戏 / 245

1. 11岁孩子逆反、暴躁、厌学、自卑，怎么办？ / 245
2. 你认为当代学生沉迷游戏的最大因素是什么？ / 246
3. 14岁的孩子不听话，该怎么教啊？ / 247
4. 我是一名13岁的初中生，现在特别讨厌我爸爸，我是不是到青春期了？该怎么办？ / 248

七、关于亲子关系、师生关系 / 249

1. 你怎么看待"父母是原件，孩子是复印件"这句话？ / 249
2. 如果孩子不懂得感恩怎么办？作为父母应该如何教育自己的孩子呢？ / 250
3. 父母如何学会尊重孩子？ / 250
4. 班主任很讨厌我怎么办？ / 252
5. 我很讨厌语文老师怎么办？ / 252
6. 如何对待撒谎的孩子？ / 253
7. 为什么一些老师只喜欢学习好的孩子，难道成绩差就要被讨厌吗？ / 254
8. 孩子被老师处处针对怎么办？ / 255

八、关于沟通 / 257

1. 我的孩子被同学孤立怎么办？ / 257
2. 7岁的男孩不喜欢分享，别人动他东西就生气，家长威胁说不分享就不再爱孩子了，做法对吗？ / 257
3. 一年级小朋友总被同学要东西，他自己心里也难过，该怎么教育他？ / 259

4. 各位家长，早上你们都是怎么叫孩子起床的？太困难了！ /260

后记：知识用了才有力量！ /261

附1：厌学辅导 /264

附2：优秀的秘密 /272

附3：作者的NLP与教育整合研究记事 /289

第一章

神奇的NLP

一提到NLP，你的脑子里会出现什么？如果以前你没有接触过NLP，可能脑子里一片空白，或只有NLP三个字母，或自己读出的NLP三个字母的声音……无论你脑子里出现什么，甚至一片空白都无所谓，都不影响你下面的学习。"看看自己脑子里出现什么"是一种很好的学习方式，在随后的阅读中你会有所体验。

NLP（Neuro Linguistic Programming）称为神经语言程式学，属于实用心理学范畴，被誉为大脑的使用说明书。20世纪70年代，美国加州大学的理查·班德勒和约翰·格林德深入研究了催眠治疗大师米尔顿·艾瑞克森、家庭治疗大师维吉尼亚·萨提亚、完形治疗创始人弗瑞兹·皮尔斯、沟通大师格利葛利·贝特森等四位顶尖心理治疗师与沟通大师的语言、行为及思维模式并对其进行分析和解码，由此发展出一套可操作的技术，即NLP。NLP已经被应用于诸多领域，并取得了显著成效。N代表脑神经；L是语言；P是程式、程序，指我们大脑中的自动思维。关于NLP，在网上有很多的介绍，大家有兴趣可以查一查，我这里不再赘述。

当然，如果你觉得上面的介绍太枯燥的话，记住"NLP是大脑的使用说明书"足矣。

N（Neuro）——神经

N代表脑神经。前面提到，NLP又被称为大脑的使用说明书，是研究大脑如何运作的学问。一提到"使用说明书"，你脑子里会出现什么？一张纸或一个小本子？还是……出现什么都可以。接着我们思考：为什么产品要配备使用说明书？你正在用的智能手机，是不是有一本厚厚的使用说明？有人说，是有，但是我不看。是的，如果只是简单地接打电话、发发微信、刷刷抖音是不用看的。如果你要深入挖掘其功能，更好地发挥它的效能，就需要看使用说明了。所以，说明书并非只是简单地教你如何使用这个产品，而是教你"如何正确地使用以更好地发挥产品的效能"。可见说明书对一个产品来说多么重要！

同样，对于我们，没有大脑的使用说明书一样可以生活，但仅凭经验使用大脑的效率很低，常常会使人陷入困境。比如，在亲子教育中遇到的诸如"孩子叛逆、不懂得感恩、学习动力不足、沉迷游戏"等问题，由于家长不了解大脑的工作原理，会觉得处理起来很复杂，面对这些问题，家长往往会有一种无力感，感到很"头痛"。所以，陪伴我们一辈子、影响我们一生幸福的大脑没有一本使用说明是一件非常遗憾的事情。当然了，假如孩子生下来，后边带着一个小本子，上面写着《使用说明》，这也是很恐怖的。NLP在一定程度上填补了这方面的空白。当你通过学习NLP掌握了大脑的工作原理，学会了如何主动使用大脑后，就会发现很多事情变简单了。

什么是回忆？

要了解大脑的工作原理，我们还是从大家非常熟悉的一个词语说起吧。

这个词就是"回忆"，什么是回忆呢？有人说就是"想一想"，那么，什么是"想一想"呢？可能你会说"想一想是谁都会的事情，还用说吗？况且有些事情只可意会不可言传"。我开玩笑说："并非不可言传，是你说不出来。"我曾查过《现代汉语词典》，词典给出的解释是"回忆即回想"，我真的没有勇气再去查一下什么是"回想"，我担心它给出的解释是"回想即回忆"。

那么，什么是回忆呢？我们只需要亲身体验一下就明白了。

请你回忆某天跟朋友聊天的情景，留心观察：在你回忆的时候，脑子里是不是有画面？（有朋友的画面、有场景画面）是不是有声音？（你能回忆起和朋友聊了什么，甚至能回忆出外界环境的声音）是不是有一种感觉？（和朋友聊天的感觉怎么样？很愉悦，还是很郁闷？）

通过体验，我们不难总结出，回忆包含三个要素，即画面、声音和感觉。

了解了这些，对我们特别是指导孩子学习是很有意义的。因为学习离不开回忆：学习新知识需要回忆、做作业需要回忆、考试也需要回忆。

很多人有这样的体会：有件事情怎么想也想不起来，但当别人给出一些提示时，突然间所有细节都回忆起来了。这说明，不是我们没记住，而是缺少回忆线索。然而，"画面、声音和感觉"就可以作为回忆的线索，在回忆时，我们可以有意识地看一看脑子里有哪些画面，有哪些声音，有什么感觉。

2017年，我在北京新学道介休书院工作期间，曾听过一节七年级的历史课。授课内容是《中国早期人类的代表——北京人》，课前老师准备了大量素材，做了PPT，课上学生表现也很积极。下课后，我叫住了后排的一个小男孩，问他："这节课你学到了什么？"小男孩想了想，摇摇头，说想不起来了。这时，另一个小男孩也凑了过来，我问了他同样的问题，他给我的回答也是想不起来了。我知道不是他们没有学到知识，只是缺乏回忆线索。接下来我对他们说："你们把眼球向上移动，看看脑子里有哪些画面？"这时一个学生说："我看到了北京人的头像。"我继续问："看到北京人的头像让你想到了什么？"

"北京人前额低平，眉骨较粗，颧骨突出，鼻骨扁平，嘴部前伸，脑容量小"，一个孩子边说边用手比画，另一个孩子也随声附和。我接着问："还有呢？"孩子们又说出了其他画面以及相关的知识。就这样，两个人你一言我一语，不一会儿就把这节课主要的知识点都说了出来，孩子们一脸兴奋。我又问这两个孩子："这节课你们的收获大不大？""大。"两个孩子异口同声。"你们觉得历史这科怎么样？"我问道。孩子们回答"挺有意思的"。

回忆三要素实践

晚上给六岁女儿辅导拼音，我指着liú问她怎么读，她张口就读成了diū，我又指着niú问怎么读，她张口又读成了diū。之前提醒过她很多次要认真，不要张口就说，再读还是会出现同样的错误（单独学这几个声母的时候她是会的，听写也能写对）。听到她这两个拼音都读diū音时，我的大脑浮现出了一个撕心裂肺冲着孩子喊的辅导作业的妈妈形象，我瞬间被自己大脑中的画面逗乐了，我发现光强调"认真"几乎是无效的。

我指着声母"l"问闺女："用眼睛看一下这个声母，看完了吗？"

"看完了，妈妈。"

"现在把它放到你的大脑里。"

"好的，放进去了。"

"眼球上翻看到大脑里的那个声母了吗？"（眼球上翻是在看大脑中的画面，详情可参考《方法对了，教育就简单了》一书中的"读心术"——作者注）

"看到了。"闺女捂着嘴笑起来。

"现在把它传到嘴巴发出声。"

"l。"

"对了，闺女，这是声母'l'，连起来读一读。"

"liú——刘。"

用同样的方法引导她，niú也能读对了。读完后，我问她记住怎么读拼音了吗？她开心地说："记住了，先用眼看，再传到大脑里看到它，再传给嘴巴。"

这样辅导下来，孩子是开心的，没有一点学习负担，一个小技

巧就解决了孩子拼读不准确的大问题。（贾新华）

试想，如果家长在辅导孩子写作业时也让孩子有意识地看一看脑子里有哪些画面，回忆时关注脑子里有哪些画面和声音，仅仅增加这样一个小环节就能有效提高孩子的学习效率。

写生字不再愁

类似右图这样的作业，大家一定非常熟悉。大人在教低年级孩子写生字的时候，通常会让孩子多写几遍，总认为多写几遍孩子就能记住。现实是，有些孩子即使写上十遍八遍也未必能记住。

曾经有一个学员给我打电话，说他朋友的孩子在写拼音f时写了两页都没记住，气得他朋友揍了孩子一顿，随后又让孩子写了一页，孩子还是没记住。遇到这种情况，家长往往会很气恼，会责怪孩子太不用心了。我想问家长的是：你教孩子怎么用心了吗？

2017年10月，我在北京新学道太原实验小学做培训时，有一个二年级的小男孩找到我，说他因为记不住生字很苦恼。我问他："以前你怎么记生字？"他告诉我："就是一遍一遍地写。"

"一般写几遍你能记住？""有时三遍，有时五遍，有时写十遍也记不住。"

"老师教你一种方法，不用写十遍八遍，看一眼就能记住，想学吗？""想！"这时孩子的眼睛都亮了。

"把你的语文书拿过来，老师教你。"孩子高高兴兴地跑回教室，把语文书取过来，我随手翻开一页，指出书中的"嬉"字，孩子说他不会写。

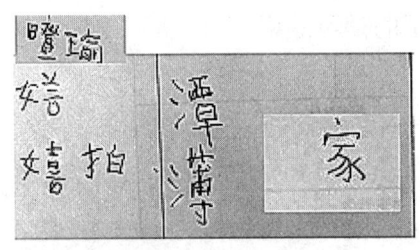

"好，你看一眼，看完了吗？""看完了。"

"眼球上翻（回忆画面），看一看脑子里有没有这个字？""有。"

"清楚吗？""清楚！"

"能不能写出来？""能！"孩子拿起笔先写了个女字旁，随后在右上写了一个"兰"字，右下写了一个"口"字。

"你确定写的是对的吗？""不确定。"

"那老师转过身来，你偷着看一眼。""老师，我偷着看完了。"孩子很实诚。

"会写了吗？""会了。"说完孩子拿起笔来又要写，我说："停，先不写，老师教你一个更好的方法。"这时孩子满心期待。

"这个字有没有你认识的部分？""有，左边的'女'我就认识。"

"这个'女'还用记吗？""不用了，老师，这两个'口'我也认识，上面的'士'我也认识。"

"好，现在会写了吗？""会了。"说着，孩子提笔就写出了"嬉"字，随后我们又分别练习了"拍、潭、薄、家"，孩子掌握方法后非常高兴。

图片的左上角是孩子在我教方法之前写的自己的名字，不知你是否注意到了，按我的方法写出来的字比他原来写的字工整了很多。为什么会这样呢？原因很简单，因为孩子看到的脑子里的字（画面）是工整的。

这样背单词更有效

记忆单词也是如此，目前在学生中流行的背单词的方法有两种：一是一个字母一个字母地背，就是所谓的死记硬背，比如：document（文档），学生在记忆时口中念念有词，需要多次重复才能把这个单词记住。即使记住了，忘得也很快。还有一种方法是按照字母组合的发音分段记忆，比如document，就是把这个单词分段，do/cu/ment，这种方法的效率远高于第一种方法。当然，这种方法也有问题，当遇到发音相似的词汇时就会混淆。

知道了回忆包括画面、声音和感觉，如果在背单词时综合运用画面、声音和感觉，记忆效率就会提高很多。仍然以document为例，先看一看这个单词中有没有熟悉的部分，ment是一个常见的后缀，对大多数孩子来说是不需要记的。这样，需要记的只剩下4个字母，记忆量减少了一半。有人说do我也熟悉，我熟悉dog，这样前两个字母也不用记了，需要记的字母只剩2个。随后让孩子在脑子里出现这个词，看清楚。当然，还可以让孩子倒着背一下这个单词，如果孩子看清楚了，倒背也会很流利的。

读到这里，是不是觉得这种背单词的方法似曾相识？对，它和上面提到的记生字的方法如出一辙，其背后的原理是相同的。

背单词还有一个难点，就是英文和中文意思的匹配。很多孩子记住了英文忘了中文，记住了中文忘了英文，这也与记忆方法有关。还以document为例，这个单词是"文档"的意思，要记住汉语意思也可以借助画面：想象自己面前有一台电脑，电脑的左上角有"我的文档"这个文件夹，这就是"My documents"，看着这个文件夹读出声音，同时伴有一种熟悉（或了解）的感觉，这样就很容易记住了。

方法对了，学习就简单了！

孩子是厌学吗？

徐凯文博士在题为《时代空心病与焦虑经济学》的演讲中提到：北大一年级的新生，包括本科生和研究生，其中有30.4%的学生厌恶学习……这可是被誉为"天之骄子"的北大学生啊！由此，我们不难推断，在中小学，"厌学"现象会多么普遍。

但我认为，所谓厌学，不是孩子厌恶学习，而是厌恶学习时的感受。

前面我们提到，回忆包含画面、声音和感觉。当我们回忆某件事情的时候，与这件事情相关的画面、声音会出现在我们大脑里，同时，当时的感觉也会伴随这些画面、声音一并回忆出来。同样，在孩子回忆所学知识的时候，学知识时的感觉也会浮现出来，这是我们家长要特别注意的。对于这点，想必你也有过类似的体验：有没有这样的家长，一说要让他（她）看书学习，就不舒服并且很排斥？也可能是其他方面，比如不愿意和陌生人打交道，一想到要和陌生人打交道就浑身不舒服。人们"厌"的是这种不舒服的感觉。

我曾经在网上看过一个视频，一个小女孩被爸爸妈妈逼着背乘法口诀，她在背"三五一十五"的时候，因为总是出错，神情很痛苦。而父母完全不顾及她的感受，强迫她一遍又一遍地背，孩子在这种无奈、愤怒交织的痛苦情绪中勉强背对了口诀。看似孩子会背口诀了，但这种教育方式却为孩子以后的厌学埋下了隐患。在孩子上学遇到乘法口诀的时候，当初被逼着背诵乘法口诀的痛苦感受就会被一同回忆出来，孩子很可能会因此厌恶数学，导致数学偏科。

在做偏科辅导时，通常我会让孩子写出学习这个学科时的感受，同时找一个孩子喜欢的学科，也写出学习时的感受。我曾辅导一名化学偏科的学生，他很喜欢数学，喜欢的程度从0—10给出了9分。他讨厌化学，喜欢的程度勉强给了0.5分，并说一提到化学就感觉恶心、头痛、做不下去、没信心。而提到他喜欢的数学时感觉兴奋、刺激、有自信、乐观。数学和化学带给他的感受完全不同，由此我们不难推测，对这个孩子来说，他学数学的效率要远高于学化学的效率。在利用NLP技术帮助他消除了对化学的负面情绪后，他变得喜欢化学了，喜欢程度变成了9。

孩子对学习的感受是在长期的学习行为中累积起来的，因此，让孩子在学习时有一种轻松愉悦的感受非常重要。遗憾的是，有些老师和家长不懂这些，很多事情做反了！

比如，当孩子作业中的错误比较多时，家长或老师会批评孩子，甚至有些家长会打骂孩子以让他"长记性"，随后又让孩子带着这种强烈的负面情绪继续学习。殊不知孩子在学习时会把当时的感受和知识一并打包存储在大脑里，回忆时也会不自觉地把学习时的感受一并带出来。家长这样做，会让孩子在大脑中形成一个神经链接——学习-痛苦，为今后的厌学埋下种子。

这种痛苦的感受深深地储存在潜意识中，甚至会在知识已经忘记的情况下仍然存在，会成为一个人一生学习中的巨大阻力。有些人一辈子不愿意再碰任何书本，不愿意学习新知识，就与此有关。

比如有些家长，愿意出钱给孩子补课、愿意出钱请老师帮孩子解决问题，但如果让他学习，他会找出诸多借口。

大脑其实很有趣

我们再来做一个体验，想象一种你喜爱的食物，看着脑子里的画面，体会一下感觉，给自己想吃的程度在0—10这个区间打一个分数。你现在想吃的程度是几？记下这个数字。现在，把食物的画面推远，推到五米开外，同样看着这个画面，体会一下想吃的感觉，推远后变成了几？再把画面调成黑白，想吃的程度又变成了几？体会到了吧？是不是有了变化？是不是很神奇？在家长培训班中，我曾经用这个方法，让一位特别想吃红烧肉的学员三个月没吃红烧肉。这种通过大脑中的画面、声音的一些特征从而改变感觉的技术，被称为"亚感元调整技术"（详见《方法对了，教育就简单了》）。

当我们了解了大脑的工作原理，原来看似复杂的问题就变得简单起来了。我曾通过调整大脑中的画面让一位患有恐高症的老师在原来想起来就发怵的室外楼梯上下6次；用了不到15分钟的时间让一位被"演讲恐惧症"困扰了20年的老师在众人面前侃侃而谈。更神奇的是我的一个学生，仿照我调整恐高的文字记录，用电话远程为沧州的一位老师调整恐高，当场见效。

从"瑟缩的老鼠"华丽转身

吴冬梅

昨天晚上一想起要去听著名作家的现场讲座，心就缩在了一起！

讲座是叫人心生憧憬的，可是那旋转腾空悬起的室外楼梯着实叫人郁闷——我恐高！

我像被霜打了的茄子一样赖在床上。突然，智慧家长QQ群里范校说：吴老师的恐高症，想调整调整吗？

吴：怎么调？

范：明天去干什么？还是那个室外楼梯吗？

吴：老教委国培，是的，四层楼房那么高！

范：想到这些，脑子里出现什么？

吴：天哪，一想起来就……好高啊！我悬起来了，说不定马上就要掉下去了……

范：恐惧指数是几点？

吴：7。

范：看到了什么画面？

吴：旋转的楼梯，狭窄得很！

范：看到自己了吗？看到自己就属于"抽离"。尝试着抽离出来，这时候恐惧指数是几？

吴：看到了。其实知道掉不下来，要是看到"自己"往上走的话肯定是小了，5吧。

范：把这个画面看清楚。

吴：好的。

范：看着自己，正以最优雅的姿势在上楼梯。

吴：嗯。

范：这时候的体验怎么样？

吴：好多了。颜色也鲜亮了很多，色调温暖了许多，不那么瑟瑟了。

范：现在的恐惧指数是几？

吴：4。

范：是不是有些放松了？

吴：是的。

范：再走几步，看着自己再走几步。

吴：嗯。

范：在楼梯上摆个pose。

吴：不敢啊！

范：在抽离状态下，摆pose。看着正在上楼梯的你，摆pose！

吴：那掉下来怎么办啊？！

范：掉下来是她的事，跟你没关系，你看着她。

吴：啊？

范：保持抽离状态，就像欣赏别人一样。

吴：嗯，好的，那就轻松了。是别人不是我，就好多了。

范：看到了吗？

吴：美丽的风景。

范：摆pose了吗？

吴：摆啦。

范：就像欣赏你上楼梯的一段录像一样。

吴：她掉下来与我无关，这句话让我释然了。

范：画面中的你，可以很自如地上楼梯。

吴：为什么还是我要上楼梯？换她不行吗？

范：在抽离状态，画面中的吴冬梅，就是她。

吴：完了。

范：什么完了？

吴：换作别人我就很轻松，一说是我就紧张了。

范：抽离就是你看着画面中的你，一个长得跟吴冬梅一样的人，看到她了吗？

吴：好，我再进入一下。她在上楼梯，很自信，很坚定，很轻松。

范：看着这个画面，不紧张吧！体会一下画面中吴冬梅的心态，告诉我感觉。

吴：很轻松，在摆pose。

范：你做其他的什么事会很轻松？

吴：在平地上边走边说笑，靠在椅子背上听音乐，雨天漫步在街边……

范：脑子里出现轻松时的画面，体会那种轻松的感觉，耳边响起你喜欢的音乐，体会轻松的感觉。

吴：嗯，好的。

范：深吸一口气，让这种感觉充满着全身，做一个代表轻松的动作。

吴：嗯，好的。

范：告诉我你的电话号码。

吴：15613539×××。

范：我不是要你的电话号码，是让你从刚才的状态中出来，这在NLP中叫打破状态。

再次体会谈笑的轻松，听音乐的轻松。当这种轻松的感觉非常强烈的时候，再做一次刚才的动作。

吴：好的。

范：告诉我现在你的感受。

吴：希望明天登楼梯试试，听着心中的音乐。

范：今天晚上吃的什么饭？

吴：饺子。

范：又一次打破状态。

吴：是啊，可我在里面感觉是很好的。

范：现在想想明天登楼梯的情景。

吴：不那么恐惧了，想践行。

范：做刚才代表轻松的动作，再想一想明天上楼的情景，感觉怎么样？

吴：想做一只小鸟，乘着音乐的翅膀飞翔。

范：ok，这时候的恐惧程度是几？

吴：基本没了，谢谢，辛苦了！

范：是你辛苦还是我辛苦？

吴：我也挺辛苦的。

范：我倒是挺轻松的，看看你现在的脚下，看到了什么？是地板吗？

吴：家里地板啊。

范：看到地板感觉怎么样？

吴：很安全。

范：心里是不是很踏实？

吴：忒踏实。

范：用脚踩一踩地板，体会一下感觉。

吴：地暖，哈哈！

范：心暖吗？

吴：穿着袜子感觉温暖，心也暖，大周末的就是好啊！

范：你在用什么输入法打字？

吴：搜狗，好好的怎么又来了，我愿意待在想象里。

范：有的时候需要打破状态，将来你给别人辅导也要这样。想一想明天登楼梯的情景，现在的指数是几？

吴：不看下面应该问题不大了，2吧。

范：带着刚才踩地板的感觉，想象自己登楼梯的情景。

吴：我再踩一下，要是家的地板多好啊！

范：对，暖暖的感觉。把地板想象成楼梯，旁边还有扶手。

吴：一马平川、暖暖的、很随意。

范：想象自己站在高处看风景的情景。

吴：抽离吗？

范：先抽离，感觉怎么样？

吴：嗯，凭栏。想起李清照来了。

范：如果你是李清照，这时候有什么感觉？说说你的感觉。

吴：优雅！（不写词的时候不会总愁的吧！）阔袖展婉约，诗词袭心头！

范：景色美吗？

吴：曼妙、唯美。

范：太好了。

吴：舒缓容许、心变自由了、舒展了！我踩着家里温暖的地板、听着音乐，还有词人的婉约。

范：不忍心打破你的状态，让你再美一会儿。还记得上节课的内容吗？

吴：内容？断片了。

范：换框法。

吴：想起来了，各种换框法。

范：重新回到登楼梯的情景，观察一下楼梯下面的落叶，发现落叶的美。

吴：静、美，我完全陶醉了。

范：赞！现在怎么样？

吴：好多了。

范：是不是比以前轻松了，不再担心不再害怕，还有跃跃欲试的感觉？

吴：轻松多了。嗯，是的！

范：好了，调整到这儿。

吴：怎么这么灵验啊！

范：明天刚开始上楼梯时也许会有些紧张，但是会比以前好很多。

……

"今天，我上下了六次、启动快乐心锚越来越轻松自在。最后一次，在最高处也能展翅做pose了！

我终于从瑟缩的紧靠墙边用手包遮住视线的老鼠华丽转身，蜕变成接近蓝天展翅欲飞的鸟儿了……"

以上调整恐高背后的原理很简单，通过改变被辅导者头脑中存储的画面、声音来改变她的感受，感受变了，恐惧也就消失了。

L（Linguistic）——语言

L是语言，既包括口头语言又包括身体语言，是沟通的主要工具。学一些语言技巧对每个家长来说都是非常重要的。

刀子嘴豆腐心

有家长说："我这个人就是心直口快。"我回应："那是你不会说话。"还有朋友说："我这个人就是刀子嘴豆腐心。"我说："刀子嘴豆腐心还不如豆腐嘴刀子心，因为刀子嘴是很容易伤人的"。"心直口快""刀子嘴"都是沟通的大忌。

2019年，上海一名17岁中学生，因为和同学发生冲突，学校要求孩子母亲把他接回家进行教育。汽车在行驶到某高架桥上时突然停了下来，随后不幸的事情发生了，孩子打开车门从桥上一跃而下……我不知道在轿车里发生了什么，但是我敢肯定的是，绝对不是家长和孩子发生了肢体冲突，如果有冲突也是言语上的。

2020年2月，四川一名13岁男孩因琐事和母亲发生争执后将母亲杀害。大家不难想象，孩子杀害母亲的原因绝不是琐事而是争执。

所以，刀子嘴真的是可以"杀人"的！很多矛盾和冲突都是言语上引起的。如果你觉得自己是心直口快，是刀子嘴豆腐心，表明你需要在语言上进行一些修炼了。

屡败屡战

俗话说："一句话百样说，看你会说不会说。"

大家都知道曾国藩吧？他带领湘军与太平军三次交锋都打了败仗，损失惨重，差点自杀殉国。作为一个败军之将，在给咸丰帝的奏折中言道："臣屡败屡战，请求处罚。"据传，这里有一个故事：曾国藩奏报军情时，先由幕僚拟稿，经他审定修改后再抄发。幕僚在奏报中写有"臣屡战屡败，请求处罚"的字样，他看了以后提笔改为"臣屡败屡战，请求处罚"。还是那四个字，只变了一下顺序，其含义却大不相同。

试想，如果你是皇帝，看到这位将军"屡战屡败"，你还会用他吗？直接就砍了。但如果你看到这位将军是"屡败屡战"，又会如何？是不是会觉得这个人有一种不屈不挠的意志？有一种不取得最后胜利誓不罢休的气概？

何止一字千金啊！

虽然、但是和同时

这是大家都熟悉的三个连接词，如果你留意，会发现它们所表达的意思是有很大差别的，请你仔细体会下面几句话有什么不同：

"这部手机拍照效果很好，我也很喜欢，但是有点贵。"

"这部手机拍照效果很好，我也很喜欢，虽然有点贵。"

"这部手机拍照效果很好，我也很喜欢，同时有点贵。"

如果你是手机店的老板，判断一下，哪种情况顾客会买？

很显然是第二种情况。

当我们用上述连接词把想法或体验连接起来时，这些词会引领我们着重体验不同的侧面。"但是"强调的是后面的部分，"虽然"强调的是前面的部分，"同时"强调两件事分量等同。

很多家长习惯用"但是"，在他的语言里"但是"是高频词。"这次你考得很好，但是要继续努力。"想一想，对于这样的"鼓励"，孩子的潜意识接收到的是什么信息？当他听到"这次你考得很好"时会高兴，再听到"但是要继续努力"时，是不是会觉得你的目的是让他更努力？这样，他的积极体验是不是减少了？**强化学习者的积极体验比指出他的不足更重要！**

在《现代汉语词典》里，对"但是"的解释是："用在后半句，表示转折的语气。"很显然，"但是"有一种排斥力量，是一种否定状态。如果不注意，"但是"很容易让对方觉得你在否定他。一个人说话如果经常用"但是"，很容易影响他的人际关系。有人戏称，"但是"前面的都是废话！

同样，在亲子沟通时，如果用"但是"比较多，也会影响亲子关系。当然，如果把对对方的肯定和关心放在"但是"后面，也能增加彼此的亲和感，如："你学习很用功，但是要注意自己的身体。""你这次考试的总成绩不理想，但你的数学有进步了。"

"同时"意味着既表达了自己的观点，又认可对方。因此，建议大家少用"但是"，多用"同时"。"这次你考得很好，同时要继续努力"比"这次你考得很好，但是要继续努力"更容易让孩子接受。

如果你告诉我，会告诉我什么呢？

适当的语言技巧可以引导对方的思考方向。著名认知心理学专家乔治·莱考夫曾经说过："控制语言就是控制思想。"

我在北京新学道太原实验小学工作时，一个四年级的小女孩来到我办公室，笑嘻嘻地对我说："校长，老师表扬我了。"我问她："你做了什么，老师表扬你了？"孩子仰起头对我说："我就不告诉你！"

女孩的回答挺有挑战性的，这也激起了我的兴趣。于是我运用NLP的"先跟后带"技术和"就像框架"对孩子说："我知道你不告诉我，如果你告诉我的话，会告诉我什么呢？"孩子想了想说："我的书写有进步了。"我接着问："还有呢？"她还是小脸一扬对我说："我就不告诉你。"我继续对她说："我知道你不告诉我，如果你告诉我，会告诉我什么呢？""我的乘法口诀有进步了。"

语言也是消除一个人限制性信念的重要工具。我曾经辅导过一个英语严重偏科的七年级学生，在辅导时，他说："老师，我学不好英语。"当一个学生认为自己学不好英语时，他会有什么样的行为？上课不听讲、下课不做作业，有时迫于老师的压力做作业也往往是应付了事。这样的学习当然没有效率，成绩自然也会越来越差。糟糕的成绩又为他"我学不好英语"的限制性信念提供了支撑，如此恶性循环。在这种情况下，即使补再多的课也无济于事。为了打破他的限制性信念,我让他先把"我学不好英语"这句话写到纸上,接下来把这句话改写为"到目前为止,我还没学好英语"。然后体会这两句话有什么不同。他读完后告诉我,第一句话意味着我永远也学不好英语,第二句话说的是以前我没有学好英语,以后我可以学好英语。我紧接着问他:"怎么做你可以学好英语呢?"他说:"我的语法掌握得不好,如果我多看看语法书会有帮助……"在对他进行了学习方法的指导后,我又问:"如果学好了英语,你可以得到什么?""我父母会高兴,老师会表扬我,我的总排名也会提高……"辅导后,回到家他就翻出了以前买的语法书开始自学,过了一个月左右,孩子的妈妈发来信息说孩子的英语在升初中时只考了57分,这次考试提升到88分,总名次也由年级的108名提升到48名。

很显然,"到目前为止"可以引导孩子绕过限制性信念继续思考。"如果考好了,你可以得到什么?"可以让孩子更有动力。

"一句话百样说,看你会说不会说""良言一句三冬暖,恶语伤人六月寒",语言是沟通的主要工具,NLP中有很多语言技术,建议家长好好学学。

P（Programming）——程式

接下来介绍最后一个字母——P，程序、程式。大家都熟悉一个词"习惯"，每位家长都希望自己的孩子养成好的学习和生活习惯，那你知道什么是习惯吗？习惯到底是怎么起作用的呢？

每个人身上都有很多习惯，比如你下班回家，打开家门，做的第一件事是什么？对，换拖鞋。换鞋的时候，你是先换左脚还是先换右脚？还是规定了一、三、五先换左脚，二、四、六先换右脚，星期日坐在地上两只脚一起换？相信很多人要给出答案，需要仔细想一想。因为这就是一种习惯，习惯是一种自发行为，不需要意识参与，是大脑"偷懒"的一种方式。比如，刚开始学开车的时候你一定小心翼翼，非常专注，开得也很累，经过反复训练，逐渐地，开车的操作动作就变成了"习惯"。一旦形成自动反应，开车时就不需要再想动作了，意识的负荷也小了很多，开车时可以听听音乐、聊聊天，甚至可以想着其他事情，这时意识只需要关注路况和其他突发情况即可。

经不断重复，形成自动化的行为就是习惯，习惯是由潜意识控制的。

同样，在我们大脑中也有类似习惯的东西，它在控制着我们的思维，我们给它起个名字叫作程式，它就像电脑中的程序，一旦有信息输入就会自动执行。这些程式运行速度很快，很难被意识感知，而我们的思维每时每刻都被这些无形的程式控制着。

开放与封闭

资深NLP教练技术导师黄启团老师曾经讲过一个情景，我觉得用来说明什么是程式最合适：父子二人走在大街上，走着走着，迎面开来一辆豪华法拉利。儿子看到了，"哇！"一脸羡慕。同样，他爸爸也看到了，嘴里发出了另一种声音——"切"！我们尝试体验一下发出这两种声音的感受："哇"，是一种什么心态？是不是向往、羡慕的心态？是不是希望自己有一天也能开上这样的豪车让别人羡慕？"切"呢？当你发出这种声音的时候感觉怎么样？是不是有些不屑？有些嫉妒和恨？

我们把第一种心态叫作开放心态，第二种叫封闭心态。请大家想一想，面对新事物，是开放心态让我们更舒服、得到的更多，还是封闭心态？答案不言而喻。学习也是如此，如果以一种开放的心态去学习，不仅学习效率高，学习带给你的感受也会更好。

接下来请大家想一想，同样是看到一辆豪车，父子俩之所以会发出不同的声音，是不是因为他们在家里提前排练过？出门之前，爸爸把儿子叫过来，对儿子说："过一会儿我们去逛街，走在大街上时对面会开过来一辆豪车，看到豪车你就'哇'我就'切'。"大家想有没有这样的排练？一定没有，这就说明他们发出这种声音，

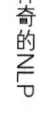

同时产生这种情绪，是一种自动反应，父子俩启动了不同的程式。

黑洞与发光体

在你的身边是不是有这样一种人？他们总是在抱怨：抱怨老天对他不公、抱怨领导对他不好，抱怨同事瞧不起他，抱怨老婆对不住他，抱怨孩子不愿理他，甚至抱怨家里的狗都讨厌他？在你的身边是不是还有另外一种人？这种人积极阳光，在和他接触时你总能感受到一份力量，总能给你支持和鼓励？前一种人在NLP中叫黑洞，后一种被称作发光体。其实，黑洞或发光体并不是由人的性格决定的，而是在他们的大脑中运行着不同的程式，改变程式，黑洞也能变成发光体。

我就有过这样一段经历，当时我是学校的政教处主任，经常和那些调皮、违纪的学生打交道，曾经有一段时间，我眼里看到的都是学生的缺点。逐渐地，我练就了一双"慧眼"，不论是学生还是同事甚至是家人，我一眼就能看出他们身上的"毛病"。在这段时间里，我的心理压力很大，也很不快乐。从NLP角度分析，在我的大脑中形成了一个程式，这个程式让我习惯性地关注别人的不足，我当时的状态就是黑洞。有一次，在听魏书生老师的演讲时，他的一句话点醒了我："看别人是天使，你就生活在天堂里。看别人是魔鬼，你就生活在地狱里。"这让我意识到，我不快乐是因为我看人的角度出了问题。于是我开始有意识地调整，强制自己看别人的优点和长处。经过一段时间的刻意练习，我的大脑程式改变了，看谁都顺眼了，工作和生活中的压力也减小了，自己也快乐起来了。当启动看别人是天使、看别人的优点和长处这个程式时，你得到的是开心快乐，得到的是良好的人际关系。当启动看别人是魔鬼、看别人的缺点和不足这个程式时，你得到的就是痛苦、压力以及糟糕的人际关系。

程式深度影响着我们的行为，它无处不在，不知不觉中我们被它玩弄于股掌。察觉自己的情绪受程式支配是很有意义的，因为一旦察觉就意味着可以改变，意味着我们可以有更多的选择。

落井下石与雪中送炭

如果让你做一个选择题：A.落井下石　B.雪中送炭。你会选择哪一个？

相信大家都会选择"B.雪中送炭"，落井下石是大家都不屑做的事。真的这样吗？我们设想这样一个情景：你上小学三年级的孩子拿着考了30分的数学卷给你看时，你会有什么反应？估计大多数人会发火、会批评指责孩子。因为在他大脑中启动了一个程式：看到30分的试卷，大脑中会自动出现一系列画面和声音：孩子没认真听讲、没有好好完成作业，太贪玩，学习不认真、太丢人了。看着这些画面、听着这些声音，便产生一种愤怒的感觉，于是火就上来了。这个程式的运行是瞬间的，几乎不需要时间，也很难被意识察觉到。好的，我们再想一想，如果你是那个考了30分的孩子，当你要把试卷拿给家长看的时候，你是什么样的心情？战战兢兢、如履薄冰，希望得到家长的理解、包容、支持和帮助，这种战战兢兢的心态是不是"掉到井里"了？想想你看到孩子30分试卷时的那些批评、指责甚至打骂，是不是在落井下石？

觉察到了大脑是被程式支配的，我们就可以主动升级大脑软件。当孩子拿着30分的试卷给你看时，如果你想到的是孩子也希望自己能考好，可能是孩子在学习中遇到了困难，孩子这时候最需要的是你的理解和帮助，你会怎么做呢？会不会积极想办法帮助孩子？这才是真正意义上的"雪中送炭"！

同样一件事，启动不同程式会产生不同的结果。

心想好事好事成，心想坏事坏事成

"心想事成"通常被用作祝福语，在NLP里，心想事成是中性的。即：心想好事好事成，心想坏事坏事成。很多焦虑源于"心想坏事"，如考前焦虑：有些孩子考试前几天就吃不下饭，睡不好觉，学不下去，甚至有的人会出现一些生理上的不适，如恶心、肚子痛等。在辅导时我发现，几乎所有的有考前焦虑的学生都会在考前问自己一个类似的问题："万一我考不好该怎么办？老师会怎么看我？同学会怎么看我？我如何跟父母交代？这次考不好，中考（或高考）也一定考不好。"同时他脑中会出现考试失利时的画面：父母、老师责怪的情景、同学瞧不起的眼神……这些都会让他非常焦虑。带着这样的心情去参加考试，结果会怎么样？他一定能"心想事成"！他的大脑启动了一个程式：考不好——父母不满意、老师不满意、同学会嘲笑我——产生焦虑情绪。原因找到了，要解决也就变得很简单了。引导孩子换一种问法：如果考好了，我可以得到什么？得到什么呢？可以得到老师和家长的表扬，同学或许还会有一些小小的羡慕、嫉妒，看着这些画面、听着这些声音，孩子还会焦虑吗？有些孩子不仅不再焦虑，还会期待考试的来临。这样就在孩子大脑中安装了一个新的程式：考好了——父母满意、老师满意、同学羡慕,甚至嫉妒——产生正面情绪。带着这种情绪去应对考试,他也一定能心想事成。

我用这种方法为很多有考试焦虑的学生做过辅导,效果都非常明显。2015年距离高考还有20天的时候,有一个学生找到我,说她一考数学就紧张,在唐山市第三次模拟考试中,她数学只考了91分。我帮助她改变了程式,考试焦虑得到解决,高考数学考了134分,考出了进入高三的最好成绩,这就是程式的力量。

关注80%,还是关注20%

接下来要跟大家介绍的是一个能很好地增进亲子关系的程式——关注孩子做得好的80%。

我们先看一则报道:

家庭作业引发的悲剧

一个二年级的小女孩,每次的家庭作业都错漏百出,妈妈很气恼,甚至怀疑孩子是故意的。这天因为老师打电话给妈妈说,孩子的作业几乎错了一半,孩子一放学回家就被妈妈罚当街跪着做作业。小女孩一会儿怯怯地抬头看着来往的人群,一会儿小手在作业本上写字,或许是认为孩子实在太不上心了,坐在一旁的妈妈突然一巴掌打在孩子握住的笔上,大吼着:"这个字跟你说了不下十次,总是心不在焉,擦掉,擦掉。"

孩子皱着眉头,看着妈妈,没吭声,默默地拿起橡皮擦,将写了半页的字擦掉,重新写。没想到刚写完半页,妈妈又一把拿起孩子的作业本撕掉,叫孩子重新写,看着写了整个下午的作业没了,孩子顿时崩溃大哭,引来不少人同情的目光。"写不好,今晚不要吃饭。"妈妈冷冷地丢下一句话，回屋做饭了。孩子一边擦泪，一边重新拿了一本新的作业本继续写。屋内一家人在吃饭，唯独小女孩不能吃。不知写了多久，小女孩八个月的弟弟吃饱晚饭爬了出来，小女孩冷冷地瞥了一眼，弟弟越爬越远，一直爬到马路上，被一辆疾驰而过的私家车碾在车轮下，小女孩始终在写作业。面对捶胸大哭的妈妈问"为什么不把弟弟抱回来"，小女孩冷冷地说："是你让我写作业的，否则又被你骂不认真。"

看了这则报道，你心里是什么感受？在这里，我们不谈论这件事情，而只是借用这个情景：假如你家孩子写作业时，你发现作业错了一半，你会怎么做？会不会罚孩子？甚至会不会像这个妈妈一样，不让孩子吃饭？现实生活中很多家长会这么做。

那么，怎么做会更好？

我曾经辅导过一个三年级的男孩，他妈妈说孩子不会写作文，也很怕写作文。我认为，孩子不会写作文主要有两方面的问题：一是写不出，二是写不好。NLP有一套辅导低年级孩子写作文的策略，辅导后我给孩子留了一个题目。第二天孩子把他写的"作文"交给了我：一张纸上写了五六行字。如果从专业角度看，孩子写的的确不能叫作文。怎么办？如果我给他的评语是"你写的根本就不叫作文"，会怎么样？相信孩子看到这样的评价后就不再"跟你玩了"。他就是不写，做家长的能把他怎么样？

为了让孩子能继续写下去，我是这么做的：在他写的这些文字中挑写得好的字，用红笔圈起来，在旁边注上"这个字写得好！"把写得好的找出来后再找一个写得不好的，在旁边注上"如果这个字写得也和那个字一样该多好啊！"大家想一想，孩子看了我的标注后会怎么样？他会不会努力把这个字写好？挑完字后就找词，

"这个词用得好，这个词用得好，这里还用了一个成语，很好！"找完词就找句子，"这个句子写得好，这个句子很通顺"……当我把作文批完后，我写的字比他写的还要多。在我把批改的作文交给孩子的时候，大家想一想，孩子会怎么样？孩子很高兴，想笑还不好意思，就那样憋着！随后小心翼翼地把那张作文纸折起来，夹到书里面。试想，如果我再给孩子留一篇作文，孩子会不会认认真真地写？他会不会把字写得更工整？会不会把词用得更好些？会不会把句子写得更通顺？写完后会不会主动给我看？这样孩子的作文是不是就能继续练下去？孩子会不会进步？

这种方法在NLP里叫作先跟后带，先肯定孩子做得好的，关注孩子做得好的80%，以此来和孩子建立亲和感，在亲和感建立后再去引导孩子。

有没有这种情况？孩子写完作业后需要家长签字，有的孩子就用小手把作业盖上，留一个手指缝，叫家长签？孩子为什么会这样做？因为家长过多地"关注了孩子做得不好的20%"，他担心你挑毛病，担心你批评他。

每个家长都是爱孩子的，都希望自己的孩子越来越优秀，越来越完美。在很多家长头脑中有一条假设，认为把孩子做得不好的指出来，改好了，孩子就更完美了。表面看这条假设是有道理的，但从NLP角度看，这条假设的最大问题是忽略了"人是有情感的，每个人都会努力建立和维护自己的尊严"。对大多数人特别是拥有固定型思维的人来说，频繁地被指出错误会让他很不舒服，同样，孩子为了维护自尊，会出于本能地启动自我保护的程序。

在辅导孩子写作业时，一个看似很简单的问题，家长反复讲了好多遍孩子都没听懂，这不是孩子的智力问题，也不是孩子能力有问题，更不是孩子不认真，是孩子在"认真"地保护自己。当然，为了维护自尊和家长对抗的情景更是屡见不鲜。

当我们用"先跟后带"，先肯定孩子做得好的80%，和孩子建立起了亲和感，让孩子处于一个安全的心理环境中时，孩子的内心也会处于开放状态，在这个基础上再引导孩子认识到不足，帮助孩子找到问题，辅助他解决问题，孩子不仅不会对抗，能顺利完成知识的学习，同时还能收获良好的亲子关系。因此，"先跟后带"是避免家长辅导作业"鸡飞狗跳"的有效方法。

父与子的战争

不仅在作业辅导上家长习惯于先看孩子做得不好的20%，很多人在生活中的方方面面也在用这个程式，由此也引发了很多家庭矛盾。

节目主持人马丁先生有一篇非常精彩的演讲《父与子的战争》，在演讲中，马丁先生提到他的父亲是20世纪50年代的大学生，是"那个时代中国主旋律的最杰出的代表"，认为"学好了数理化，从此走遍天下，建设四个现代化，遇见什么都不怕"。希望自己的孩子能学理科，成为一个像他一样的工程师，凭技术走遍天下。

父母都是爱孩子的，但马丁父亲对孩子的爱却让他感受到了"别样的滋味"："马丁过来，你知道什么是四体不勤、五谷不分吗？你站好了！你瞧你那吊儿郎当的样子，坐没坐相，站没站相，成天油嘴滑舌，数学还没有我当年一半的成绩好。我怎么生了你这么个儿子呢？你哪里像我呀？"

期末考试，我考了全年级第二名，全年级第二哦，拿到卷子回家邀功，我妈特高兴，转身准备去给我做我最喜欢吃的红烧肉。我爸说，"等会儿，我看看。"拿过卷子，笑眯眯地转头，对我说了一句所有的家长都可能在那个时候说的话，你们猜是什么，有猜得着的吗？（主持人问）"第一名是谁呀？"就是这著名的一句："第一名是谁呀？"当时我就石化了，感觉一盆冰水浇在了脑袋上。行，较劲是吧。第二年我考了全年级第一，"啪"把卷子摔他面前，我心想看这回你还能说什么。我爸拿起卷子，"哎，这道题我给你讲过吧，你怎么又错了？"我愣了，然后我爸对着我说出了他这辈子唯一会的一句人生格言："人最大的愚蠢之处就在于在同一个地方摔倒两次。"

这让马丁极度"逆反"：你不是想让我学理科吗？我偏不！你不是想让我像你一样成为一个工程师吗？我偏不！你不是想让我凭技术走遍天下吗？我偏不！我大学学的文科，我毕业以后工作先当了教师，后来做互联网，现在成了一个主持人，这三种职业都不是我爸想让我干的！我靠说话，我也可以走遍天下。说实话，跟爸爸对抗的滋味并不好受。我很纠结，我究竟该怎么办。但是随着时间的推移，我长大了，他老了，我们父子之间权力的天平开始倾斜。家里越来越多的事我说了算，他小时候习惯性地否定我，现在我也习惯性地否定他。有什么家里的大事要商量，我爸说"我觉得吧"，"你别觉得，听我的"。每当这种时候，我内心都会有一种报复的快感，这种感觉特别爽。

马丁在演讲中提到：我爸一辈子都不会懂得家庭不是法庭，不能只讲道理只讲原则。家之所以温暖，亲人之所以成为亲人，是因为我们之间可以多讲情少讲理。他在演讲的最后提到：我爸走了，这场父子之间的战争终于落下了它的帷幕,没有赢家,但是有很多遗憾。我的父亲,他身上有着无数中国父亲的缩影;我的父亲,他传统守旧,但是他一辈子都守着做人的良善和职业的尽责;我的父亲,节俭甚至吝啬,但是当我买房的时候,他把省吃俭用的每一分钱都拿出来了,毫不犹豫;我的父亲一辈子都在奋斗,为了家人,为了孩子,为了孩子的孩子,但是他唯独忽视了他自己。爸,如果有来世,我希望还和您做一对父子,我们交换一下位置,我做爸爸,您做儿子。我会亲手给你做你爱吃的红烧肉,然后告诉你,和家人一起吃饭就是世上最好的美味。我会在你考试之后大声地夸你,告诉你只要你努力了爸爸就会为你骄傲。我会把所有的道理和原则都放在地上,用我们父子之间的爱打开我们之间的心门。爸,给我一个机会,让我把你给我的所有的爱加倍地都还给你,让我们再续一次情缘。爸,我很想你!

　　看了演讲我很感动,感动于他们的父子情深。对"树欲静而风不止,子欲养而亲不待"也有了更深刻的理解。感动之余,也感觉非常遗憾:大家想一想,父亲爱不爱儿子?爱!儿子爱不爱父亲?爱!遗憾的是父子之间爱的表达仅仅是在老人弥留之际,此前更多的是"父与子的战争"。

　　为什么有爱的父子间却屡屡发生战争呢?因为马丁的父亲启动的是"关注孩子做得不好的20%"的程式,他期待儿子更完美,希望自己把孩子的不足指出来后,孩子能及时改正"错误"。而老人忽略了这么做时孩子的感受,这是父子战争的根源。马丁在演讲的最后说:爸,如果有来世,我希望还和您做一对父子,我们交换一下位置,我做爸爸,您做儿子。我会亲手给你做你爱吃的红烧肉……我会在你考试之后大声地夸你……我会……马丁采用的则是

"关注孩子做得好的80%"的程式,这样,必能收获家庭幸福!

这是马丁《父与子的战争》带给我们的启示!

新"三从四得"

夫妻之间也是如此。在谈恋爱的时候看对方,怎么看怎么好。有一句话说"恋爱中的女人,智商为零"。在这里,我可以负责任地告诉大家,"恋爱中男人的智商也是零"。请大家想一想,恋爱的时候人们启动了什么程式?看到对方做得好的80%,两个人是因为彼此欣赏、彼此包容才走到了一起。结婚以后,逐渐地开始关注对方做得不好的20%,而且有些人是死死地盯住了那20%,家庭矛盾也由此而生。

看到这里,你是不是已经意识到,让家庭幸福原本很简单,只要转换一下大脑中的程式就行了,即由原来盯着对方做得不好的20%变成盯着对方做得好的80%。

拿起笔来想说的话太多,因为周六我的单位也进行培训,所以我没有去。没有亲临现场的学习是很遗憾的,因为孩子的父亲听课回来后,让我大吃一惊。他变了,变得简直不是他了。他一改往日的沉默,面带微笑,幽默风趣,谈吐中充满了对妻子、儿子的鼓励与赞美,一句简单的再平常不过的话,今天从他嘴里说出来,让我感到像吃了蜜一样甜。他与儿子玩耍、游戏、说笑,让我更是想把这一美丽的时刻驻足。儿子在他的带动下,变得独立、能干,以前为一点小事会闹脾气的儿子,今天却能平静地面对。星期六的那个晚上,我们一家人其乐融融,我感到我们是全世界最幸福的家庭!"

这是我在北京新学道太原实验小学为家长做了一天培训后，收到的家长写的感想的片段。孩子的父亲听课后升级了大脑程式，开始关注妻子和孩子做得好的80%，这让妻子感到"我们是全世界最幸福的家庭"！

我曾看过一篇文章《多少夫妻耗尽一生做彼此的差评师》，在这里跟大家做一个分享。

我的朋友L和P，虽然是一男一女性别不同，但是，他们有两个共同点：第一，他俩特别擅长从真善美里找出假恶丑，丁点大的事儿都能找到嘈点，然后开始叨叨；第二，他俩的伴侣气色都不好，L的老婆常年萎靡、脸色蜡黄，P的老公总是精神不振、眼皮终年下垂。

起初，我搞不懂原因，直到跟这两对夫妻接触了几次，一切似乎都清楚了。

L喜欢叫朋友到家里吃饭，因为全职主妇L太太厨艺了得，西点和中餐各有惊喜，我怀疑她家最普通的醋熘土豆丝都拿鸡汤兑过。L太太洗碗的时候，我走到她身边由衷赞叹："嫂子，你菜烧得真好！"她很惊讶："真的吗？普普通通家常菜，L可从来没夸过。"我正想补一句"他身在福中不知福"之类，只听L的声音响彻客厅："宝宝的裤子怎么脏了一大块！"

我们从厨房狂奔出来，见到L公子裤子上染了一块画画的颜料，L兀自抱怨，太太整天待在家里，居然这都没发现，怎么当妈的。

L太太很隐忍，相当给老公面子，默默地拿出干净裤子，给四岁的孩子换上。

我打量着这个体面的家庭，客厅舒适清洁，宝宝玩具整整齐齐堆放在储物箱里，饭菜营养又可口，这些，需要一个女人付出多大的耐心、爱心和精心。

可是，一条无关痛痒的脏裤子，便足以把一切优点一笔勾销，换来一个巨大的差评。

这样的日子里，女人怎么会扬眉吐气，精神焕发？

P的老公是个有礼貌的暖男，爱岗敬业还挺顾家，就是有点路盲。有一次，我搭他们的顺风车去一家不常去的酒店，算是亲身体验了一回悲惨世界。P几乎是从出发开始抱怨，一直痛斥到抵达目的地。

"哎呀，刚才明明该下高架的，你没长眼睛啊！""那里是单行道哎，你还准备拐进去？""你是我见过的开车最怂的人！"

一到目的地，我就飞快地跳下车，赶紧向P夫妻俩致谢，P的老公从几乎要得抑郁症的脸上勉强挤出个微笑。

在这样的指责中，男人怎么可能自信满满，神采奕奕？

夫妻之间，没有伟人，也没有美人。

我们终日面对的，都是枕边那个平凡的人。

别人眼里的女神，不过是趿拉着拖鞋披着睡衣头发随便一挽的素面妇女；外人仰视的男神，也会蹲在厕所里脚跨长江两岸手握重要文件，边抽烟边使劲。

可是，这样的真实的人，却是我们要携手走过漫漫人生的伙伴，不表扬不鼓励，光批评光打击，当初我嫁你娶你是为了什么？难道就是用自己的一辈子，找一个终生的差评师挑毛病闹情绪吗？人到一定份上，该明白的人生哲理和心灵鸡汤早就懂了，并不需要一个总是耳提面命唱对台戏的丈夫或者妻子。

被爱着和被赞美着的人，信心是不同的。

民国著名点赞师、男神胡适，娶了个众所周知不大识字的小脚老婆江冬秀，可是，人家不挑剔不责备，还鼓励小脚太太"勿恤人言"，开始"放脚"。在男神的循循善诱下，太太学文化，看古典小说，《红楼梦》里丫鬟的名字，都能如数家珍背出来，还学会了写信。

胡大师晚年仍然不失幽默，偶然看到一枚纪念币上刻有P.T.T字样，便说是"怕太太"（拼音首字母PTT）协会发行的，还编出一系列新"三从四得"，太太出门要跟得，太太花钱要舍得等等，自封"P.T.T协会"会员。

一辈子，胡太太被哄得乐陶陶美滋滋，把胡大师照顾得妥帖帖福满满。

一对男女，相遇已属缘分，钟情更加不易，费尽周折地结为夫妻，那真是机缘的天时地利与情感的水到渠成。年轻时的爱情，蚕茧一般丝丝缠绕，蜜意绵绵，恨不得戳碎屏地为对方点赞；中年时，却好像飞蛾破蛹，懒洋洋、灰扑扑，能够少给对方差评，已经不容易。

而大多数人，不到七年就痒，走到半路已经成了陌路。

多少夫妻，在漫长的岁月里，硬生生折断了彼此的优点，变成互不欣赏、互相打击的对手，在婚姻的竞技场上，用尽全力、耗尽一生地做彼此的差评师。

这篇文章怎么样？是不是很精彩？多看对方的优点，多看对方的长处，生活就会充满阳光。

觉察到思维受程式的控制，是很有意义的，它让我们有了更多的选择，你可以选择"开放"，也可以选择"封闭"；你可以选择做"黑洞"，也可以选择做"发光体"；你可以选择"心想好事好事成",也可以选择"心想坏事坏事成";你可以选择"看孩子和家人做得好的80%",也可以"看他们做得不好的20%"……

看到别人是天使,你就生活在天堂里,看到别人是魔鬼,你就生活在地狱里;在NLP看来,要做好一个发光体是一件很简单的事情,因为即使是黑洞,我们的父母只要肯多思考下孩子行为的积极动机,真诚地欣赏与赞美我们身边的每一个人,就一定能给予世界更多的正面能量,成为一个"发光体"。

NLP认为,"凡事至少有三种解决办法""有选择的人就是有能力的人"。

佛家有一句话叫"相由心生",就是说一个人看到的事物或者对事物的理解、解释、观感,是由他的内心决定的。这个"内心"指的是什么呢?我觉得就是NLP中的程式。所以我经常跟学员说,看事物要戴上NLP眼镜,它可以帮助你察觉思维程式、有更多的选择。

结缘NLP

作为老师,我是幸运的;作为家长,我是幸运的!我的幸运源于结缘NLP。

2004年,在我带着教育上的困惑在网上搜索相关资料时,偶然间看到了美国著名激励大师安东尼·罗宾的《激发无限的潜力》,书中提到他学了一门非常神奇的学问。仅仅几年的时间,他由一个穷困潦倒的小伙子,变成美国最著名的激励大师、亿万富豪、畅销书的作者,当时他还写了另一本畅销书《唤醒心中的巨人》。就是这两本书把我引入NLP的大门。在书中,他介绍了用这门学问创造的种种奇迹：在半个小时内治愈他人的恐惧症，在十几分钟内使人戒烟；他也曾辅导过许多著名运动员使他们在比赛中取得最佳成绩；他在自己不会射击的情况下，指导美国海军新兵的射击训练，一周后过关率大大提升，等等。书中还提到，他把自创的一套高效拼字策略传授给一位在特殊学校任教的女教师，这位老师的教学对象是26名11—14岁的智障儿童，在以前的拼字测验中，很少有学生的成绩超过70分，大部分学生的分数在25—50分之间，女教师用这套策略指导学生，一周后测验，满分的19人，最后三位是70分……

这一切让我看到了希望：如果我学了这门技术，或许可以在短时间内使厌学的孩子喜欢上学习，使学习有障碍的学生消除障碍恢复正常……这让我非常兴奋，于是在好奇心、责任心的驱使下，开始了NLP学习、研究之旅。我在网上搜集相关资料，并把当时能买到的涉及NLP的书都买来学习。2008年1月，我有幸参加了李正太老师在华东师范大学举办的教育咨询师培训，系统地学习了NLP理论。这次培训为我继续学习、研究NLP与教育整合打下了基础。

2013年，丰南学而家庭教育的创办人么秀文老师找到我，邀请我为他们的会员做公益讲座，我欣然答应了。一年中做讲座十余场，得到了家长们的高度认可，但我隐隐觉得，讲座所产生的社会效益并不高。原因有两个：一是受众人群不固定，这次是这二十几个人来听课，下一次又换了一批。家庭教育是一项非常复杂的工程，不是简单地听一两次讲座就够的，需要家长持续不断地学习实践。二是学习形式比较松散，人们的重视程度不够，仅止于"听着很好"。于是我有了开发课程的想法，2014年课程开发完毕，暑假进行了第一期培训。此后又陆续开发了《NLP学习指导师》《NLP中学生超级学习力》《如何跟孩子进行有效沟通》等课程。

在上海参加教育咨询师培训时，李正太老师曾说过这么一段话：世上有两种学问，一种学问如同架在鼻梁上的眼镜，它不规定外边世界的模样，只是助你看得更清，看得更远。另一种学问则是一幅幅高清照片，展示着世界的精彩，你心中装得越多，真正看见的世界越少，因为这些照片蒙住了你的心眼。

第一种学问，我们可以称其为"智慧"，智慧提高了，处理问题的能力提高了，自然可以应对孩子教育中出现的各种问题。第二种学问，我们也可以学一些，因为它赏心悦目，但是照片的内容是固定的，也就是预设好的，看着再好未必符合你孩子的实际，看多了，反而会让你更迷茫（知识加上背景才有意义）。

从2014年首期家长培训至今，我已培训家长数万，也帮助无数家庭走出了困境。

绽放的幸福

我想说我这几天的感受，跟范校长学习NLP真的很幸运！四天的学习让我意犹未尽，由衷地欢喜！

我以前总是生活在痛苦里，想想以前的过往，刺骨的痛！不能用言语表达的痛！深入骨髓的痛！从范校长让我改掉网名开始，从"爱已封存"到"绽放"。我不做机器人，要做回自己，让自己做发光体，照亮我的家人、朋友。

这半个月来，我觉得特别舒畅，终于卸掉了压在我内心的大石头，让我体验到了从未有过的轻松，我从来没有这么充实过！好像有种强大力量！我要做阳光的自己！感恩我的老公，感恩我的孩子们！再次感谢范校长对我的帮助！您的课程对我启发很大！

现在我大女儿和我的关系特别好。范校长让我通过写小纸条与孩子沟通（NLP中的鱼仔文化），中午回家我就写了，效果挺好，闺女也很开心！原来我特别不喜欢我大女儿，整天打架，一眼都不想看到她。现在好了！那些不愉快都成为过去了。

九期《学NLP，做智慧父母》学员　王春红

培训期间正赶上王春红39岁生日，照片中的纸条是她大女儿写给她的，祝她生日快乐，这是她第一次收到女儿的祝福。

四天的学习彻底改变了母女间对立的关系，由互相仇视到无话不谈。她幸福了！女儿幸福了！全家幸福了！

就在本书快要定稿时，王春红在学员群里发来消息：

和大家分享一件喜事，大闺女顺利上岸（考研被录取），辽宁大学。回想那时，很感慨！那天我翻了翻大闺女给我写的信，满满的感动！感恩遇到了"NLP"，让我转变了自己的思维模式以及和大闺女的相处模式，高中三年、大学四年没有操过心，在孩子的学习上从未给过她压力，她自己很努力！回头看来满满的感动和感恩，感恩大家那时对我的支持和托起！！

智慧语录

NLP——大脑的使用说明书。当人们掌握了大脑的工作原理，很多事情就变得简单了。

回忆的三要素：画面、声音和感觉。

有意识地引导孩子看看脑子里的画面，可以提高学习效率。

学习时的感觉会与知识一起打包存储在大脑里。

方法对了，学习就简单了。

孩子不是厌恶学习，而是厌恶学习时的感受。

大脑很有趣。

刀子嘴豆腐心，是"不会说话"的推辞——语言的力量。

强化学习者的积极体验比指出他的不足更重要！

控制语言就是控制思想，语言是消除一个人限制性信念的重要工具。

程式是自动化思维，我们的思维每时每刻都被一些无形的程式控制着，察觉到思维受程式控制，是升级大脑程式的前提。

改变程式，黑洞也能变成发光体。

看别人是天使，你就生活在天堂里；看别人是魔鬼，你就生活在地狱里。

心想好事好事成，心想坏事坏事成。

关注孩子和他人做得好的80%。

"先跟后带"是避免家长辅导作业"鸡飞狗跳"的有效方法。

有选择的人就是有能力的人。

世上有两种学问，一种学问如同架在鼻梁上的眼镜，它不规定外边世界的模样，只是助你看得更清，看得更远。另一种学问则是一幅幅高清照片，展示着世界的精彩，你心中装得越多，真正看见的世界越少，因为这些照片蒙住了你的心眼。

第二章

方向比努力更重要

"爱+技术"成就良好的亲子关系

从教30余年,无论是做班主任、主任还是校长,我接触了大量的孩子和家长,特别是在2014年开始做家长培训后,几乎每天都要接到家长的咨询电话,回答有关孩子成长和学习的问题。这一切,都让我深深地感觉到,尽管家长们爱孩子,也在孩子教育上付出了很多心血,但是,由于不了解孩子的成长规律,不懂教育,使得他们走了很多弯路,甚至正是家长们的"努力"让孩子厌学、厌世、生活能力低、抗挫能力差、不懂感恩、沉迷游戏……

制造教育灾难的人,往往是那些有着强烈的教育意愿而缺乏相应教育能力的人。

网上流传着很多家长辅导孩子写作业的段子,"不写作业父慈子孝、搂搂抱抱,一写作业鸡飞狗跳……"因为辅导作业,很多孩子厌学、家长患上了"恐辅症"。家长辅导的初心是为了孩子学到知识、提高成绩。岂不知,正是由于家长缺乏辅导孩子的技术,才使得自己恐辅、孩子厌学,好心办了错事。

一个六年级孩子的妈妈告诉我,她看了20多本关于孩子教育的书籍,从小就很重视孩子的教育,给孩子报了若干个兴趣班。在

为孩子辅导时，她发现孩子各科成绩都很差，一提学习就头痛……（见附1：厌学辅导）

一位单身母亲，把女儿看成她的全部，把所有的爱都给了孩子。为了让女儿接受更好的教育，让她上了当地最好的小学，最好的初中，然而孩子的成绩越来越差，对她也越来越冷漠，她很绝望……

一个从小学到高中都非常"优秀"的孩子，临近高考突然辍学，不再去学校……

一个女孩子按照母亲为她设计的"成长规划图"顺利地升入重点大学，可到了大学才发现自己不知道喜欢什么，找不到活着的意义，一年下来，多个学科不及格，被迫休学……

北大精神科医生徐凯文博士在题为《时代空心病与焦虑经济学》的演讲中提到，北大一年级的新生中，不仅有30.4%的学生厌恶学习，或者认为学习没有意义；还有40.4%的学生认为活着没有意义，他们只是在按照别人的逻辑这样活下去而已，其中最极端的就是放弃自己。

2020年北京市曾对3000多名中学生做了一个有关心理状况的抽样调查，其中"对待父母的态度"一项，结果显示：56.28%的孩子"极度反感或痛恨父母"，19.22%的孩子对父母态度冷淡，13.13%的孩子反感父母，6.62%的孩子惧怕父母，只有4.75%的孩子表示喜欢自己的父母。看到这些数据，我不敢相信，也不愿意相信。

李嘉诚曾经说过，"任何事业的成功都无法弥补孩子教育的失败"。白岩松也曾经说，"中国教育最大的问题不是学校和社会，而是家长的再提升，父母是需要学习的一种岗位，而且要不断地学习。"北京新学道教育集团的梁勇董事长提出，"教育教育人的人比教育人更重要"。这些，都在呼吁人们重视家庭教育知识的学习。

家长这样做，你觉得怎么样？

一个刚升入初中的孩子，英语比较差，家长为了孩子能学好英语，找了一个严厉的英语老师做班主任的班。家长这么做，你觉得怎么样？

"只要你好好学习，其他的事情都不用你管。"家长这么做，你觉得怎么样？

为了孩子能有规则意识，家长对孩子从小就严格要求，孩子也一直很听话。家长这么做，你觉得怎么样？

孩子上小学时，当孩子考出好成绩后，家长就在物质和精神上奖励孩子；孩子到了中学，成绩也一直很好，孩子很要强，考试成绩不理想时自己会很生气。你觉得家长做得怎么样？

……

我特别喜欢这幅漫画，它形象地刻画出了一些父母和孩子的沟通生态：父母把自己的心掏出来抛给孩子，而孩子感受到的并非父母"浓浓的爱"，而是极度的痛苦。为了自保，他用一张面目狰狞的盾牌挡住了父母抛来的爱心。这样的爱让父母和孩子都觉得很"受伤"。所以，我认为，父母和子女间不缺爱，父母缺的是表达爱的技术，而孩子缺的是感受爱的能力，"爱+技术"成就良好的亲子关系。

如果遇到这种情况，你会怎么办？

假如你家孩子想学钢琴，你给他买了，报了班。学了半年，孩子说不学了，又想学二胡，过了一段时间，二胡又不学了，改学围棋，你会怎么办？

估计很多家长会觉得这个孩子太没常性了，又觉得孩子要为自己的选择负责。同时，家长担心一旦孩子放弃，很可能会养成浅尝辄止的习惯。于是，为了能让孩子继续学下去，开始"威逼利诱"，软的不行就来硬的。

我们来看一位老师给出的回应：我女儿以前就出现过这种情况。不仅这样，有的时候她喜欢一样物件，很贵的，买回来给她，可是不久她就随意处理了。后来我妻子说，如果她总这样不爱惜或者虎头蛇尾，就不给她买东西了。在学东西上，也批评过她没常性，半半拉拉。后来出现了一种情况让我们很尴尬：问她想不想学画画，她说不想；问她想不想学摄影，她说不想。我感觉她应该是怕万一没坚持下来我们会批评她。

接下来我们再看看资深心理咨询师是怎么做的：我女儿小的时候学过舞蹈、画画、电子琴，还学了吉他，每次坚持的时间都不长。尝试过后，没了兴致。我从不勉强，更不会说打击的话。孩子原本不知道自己喜欢什么，大人也不知道，做了就知道了，享受其中就是人生的财富。现在她对艺术很感兴趣，喜欢唱歌、画画、摄影，看与艺术有关的书籍，还说很想学芭蕾舞。我说，如果我们这里可以学，我一定支持你，可惜没有，你可以尝试着用身体去表达自己的情绪和情感，说不定将来某一天你有机会学到它呢。女儿听到很高兴，快乐的时候在客厅旋转、跳跃，把妈妈当作观众。

看了以上二位老师的回应，你觉得怎么做更合适呢？

有些家长还在执着于要让孩子为自己的选择负责任，请思考这样一个问题：如果你去商场买衣服，你会怎么做？是看上一件衣服就直接买下来还是要试一试？是不是还要试另一件？有些女士买衣服很有耐心……对于一件衣服的选择我们都如此慎重，对于孩子一生的发展方向呢？有没有必要多做些尝试，尝试后再选择呢？

"问题孩子"是评价出来的

人从出生那一时刻起，便接受着来自各方的评价。对于成长中的孩子来说，周围人特别是家长和老师的评价直接影响着他的行为模式和人格的形成。

我在做教师培训时，经常跟老师们分享一句话："差生是评价出来的。"同样，问题孩子也是评价出来的。我们再来看上节中第一位老师的回复："后来我妻子说，她要是总这样不爱惜或者虎头蛇尾，就不给她买东西了。在学东西上，也批评过她没常性，半半拉拉。"话里充斥着对孩子的负面评价——虎头蛇尾、没常性、半半拉拉，家长在孩子身上贴了一系列负面标签，一旦孩子认同了这些，认为自己就是"虎头蛇尾、没常性、半半拉拉"的人，就会用"虎头蛇尾、没常性、半半拉拉"这样的行为来支撑她的身份，当她遇到困难时，一想到自己是做事"虎头蛇尾、没常性"的人，就会失去坚持的力量。逐渐地就真的变得"虎头蛇尾、没常性、半半拉拉"了，这就是"心想事成"的力量。此外，有些孩子由此会害怕被家长批评，形成固定型思维，担心自己做不好，变得不敢尝试。

负面评价，容易让孩子失去自信，做事畏首畏尾，害怕困难，害怕挑战，形成低价值的自我身份认同。

既然负面评价有这么多问题，有的家长选择了"赏识"教育。为了鼓励孩子，经常为孩子竖大拇指，"你真棒！"挂在嘴边，以为这样就可以让孩子更自信。其实不然，表扬也有"技术"，刻意表扬会让孩子害怕困难和挑战——有些孩子会担心"下一次"做得不好，就不再尝试。表扬也容易让孩子形成有意迎合别人的性格取向，还可能让孩子产生"虚高"的自尊，当遇到比他强的人时，会产生嫉妒心理，他为了维护这份自尊很可能会想尽一切办法打压对方。

成长性问题和操作性问题

我认为,孩子的问题可以分为两类,一类是操作性问题,一类是成长性问题。

操作性问题,其特点是给方法就能解决,如孩子学习中存在的诸如偏科、考试焦虑等问题,通常经过一两次辅导就可以解决。

还有一类是成长性问题,如孩子沉迷于手机、学习动力不足等。我经常会接到一些家长的咨询电话:"范校长,我家孩子厌学了,该怎么办?""我家孩子一回到家就手机不离手,该怎么办?""我家孩子原来成绩很好,最近突然不去上学了,该怎么办?"这类问题是在孩子成长过程中累积起来的,正所谓冰冻三尺非一日之寒,同样,解决也不是三两天的事情,更不是给一个方法、经过一两次辅导就能做到的。

成长性问题的形成,与家长和孩子之间的互动模式有关,孩子出现这些问题是一种反馈,且是一种滞后的反馈,它是提醒家长在以前的教育中出现了一些偏差,也是在提醒家长要学习了。

面对这样的咨询，我的答复是：这些问题一定不是只存在一两天了，想必你也想了很多解决办法，效果怎么样我也能猜得出来，对于这种问题，实在不是三两句教你一个办法就可以解决的。解决这些问题唯一的办法就是家长在问题还没有发展到不可收拾的地步之前抓紧学习，你的认知水平提高了，你与孩子的互动模式改变了，这些问题自然能迎刃而解。

解决成长性问题的唯一方法就是家长学习！

下面是我在北京新学道临川国际部为家长们做了两天培训后，一位家长的学习心得分享。

本周参加了范校长的《学NLP，做智慧父母》培训。在课程中学习到的方法不仅适用于孩子的教育，也同样适用于工作和生活。通过两天的学习，静心沉思，意识到自己固有的思维扼杀了孩子，也破坏了我们的亲子关系。曾经学习了各种"育儿课程"的我，自认为是一位尽职的母亲。然而，在范校长两天的课程中，却让我不得不重新审视自己在教育孩子中的种种遗憾。

范校长的课程让我逐渐明白，不是孩子有问题，而是自己的态度、关注的角度出了问题。曾经的我一直关注孩子做得不好的20%，而忽略了孩子做得好的80%，让他因得不到认可而失望。纠错型教育，让我的孩子不自信、不主动。我是在以爱之名，对孩子进行着心灵上的摧残。我辗转在弯路上，担心并焦虑着，就是找不到问题所在。

回到家来，重读笔记，反复聆听课堂录音。利用范校长教授的方法调整自己抱怨、消极的态度，用积极乐观的情绪欣赏孩子。

之前孩子写生字，我总是找出他写得不好的字，让他改正，孩子很抵触，噘着嘴不满意，出于无奈擦了重写。这两天，孩子在写作业时，我刻意找出他写得好的字，一找才发现，原来他的字写得真的不错，我由衷地夸奖孩子写字认真、工整，这次反倒是他自己找出了写得不认真的字擦了重新写，就像范校长所说："多关注孩子做得好的80%，先找出优点、好的地方，孩子更易接受。"

"找到孩子可利用的价值"。平时练小提琴，都是我不停催促，孩子勉强应付练习，效果不好。周末，我催了两次，他没有反应，于是，我拿出琴自己拉了起来，之后问他我拉得怎样，他指出我的不足，并示范给我看，自己还多练了一支曲子。由此我感受到，家长适当示弱，让孩子体会被利用的乐趣，建立成就感、价值感。这也不失为一种很好的教育方法。

每个孩子都会犯错误，之前的我是一味地指责与批评，孩子反感了免不了顶撞几句，我更是怒火中烧，强烈打压，最终两败俱伤。通过学习我知道，孩子犯错是必然的，孩子往往在试错中成长，我们能做的是思考让孩子在错误中学到什么。范校说，跌倒了要捡点东西爬起来，对孩子错误的宽容是对孩子真正的爱，是大爱，抓住孩子犯错的时机对孩子进行教育是大智慧。

回想和孩子相处的过程，我一直很强势，用我自认为的爱来控制孩子，结果总是事与愿违，现在我意识到了，是我的方向错了。

"制造教育灾难的人，往往是那些具有强烈的教育意愿，但不具备相应教育能力的人！"我恰恰就是这样的家长，总是按照我的意愿想着该怎样做才能改变孩子，而没有从内心想过，我可以为孩子做什么？方向错了，越努力越远离目标！所以，孩子的起跑线应该是家长！

期待范校长下期的课程,让我们学会做智慧家长,就像新学道的理念一样:"爱+智慧"缔造完美家庭和孩子!

明德二年级学生家长

家长参加学习后,心态改变了,与孩子的互动模式改变了,孩子也改变了。

孩子的成长没有彩排,家长所做的点点滴滴都在影响着孩子的发展。开始学习吧,家长与孩子共同成长是一种幸福!

学习是有风险的,并非开卷都有益

从前面的分享中我们不难看出,这是一位爱学习的家长,她曾学习各种"育儿课程",自认为做的是对的,结果却是"扼杀了孩子,也破坏了我们的亲子关系""纠错性教育,让我的孩子不自信、不主动""以爱之名,对孩子进行着心灵上的摧残"。使得自以为"是一位尽职的母亲"的她,"辗转在弯路上,担心并焦虑着"。因此也在孩子教育中留下了"种种遗憾"。

学习是有风险的,未必开卷都有益。学习的风险在于人们很容易被"专家"的观点绑架,而忽略这些观点的背景。

观点只有加上背景才有意义。如果我问:"开车闯红灯是对的还是错的?"相信你会回答:"这还用说,连小学生都知道闯红灯是错的。"那么,"在什么情况下闯红灯是对的呢?"这时,你有可能想到:在救人的时候,在有紧急情况且能保证安全的时候,消防车去火灾现场的时候……因此,就闯红灯这个行为来说,有时是对的,有时是错的,对错取决于行为的背景。

就像前面提到的那个六年级男孩的母亲,看了20多本关于孩子教育的书，在把这些书中的方法用在孩子的身上时，因为没有考虑教育背景，不甄别哪些做法对自己的孩子更有益，哪些做法对孩子有伤害，"精心培养"的结果是孩子一提学习就头痛。

再比如，有些家长看到"狼爸虎妈"对孩子的要求极其严格，甚至经常打骂孩子，在这些看似很极端的教育方式下，孩子出类拔萃，于是纷纷效仿，"棍棒底下出人才"，在孩子犯错误的时候也开始打骂，却忽略了"狼爸虎妈"这么做的背景：那些成功的狼爸虎妈通常是较为出色的人，同时在他们打骂的背后一定还有着不为人知的"故事"。如果忽略背景盲目模仿，别人把孩子"打进"了清华北大，你也"照样学样"，可能把孩子打进看守所。

钢琴演奏家郎朗的成功与郎爸的坚持密不可分。想必在你的周围也会有很多在父母的坚持下钢琴过了十级的孩子，然而对这些孩子做的抽样调查结果显示，有些孩子最恨的是家里的钢琴，排在第二的就是陪着练钢琴的爸妈。

在NLP中有一则隐喻"并非猫阻止大象进入花园的"：人们在花园中只看见了猫而没有大象，于是就有人猜想：一定是猫阻止大象进入花园，所以花园中才只有猫没有大象。同样，这则隐喻提醒我们：狼爸虎妈孩子的优秀未必是因为"狼"和"虎"。

规避学习风险的方法，就是要认清"观点只有加上背景才有意义"。

我是谁？

我是河北唐山人，大家都知道1976年的唐山大地震，我就是这次地震的幸存者！大学毕业后被分配到唐山市丰南区第一中学工作，这是一所在当地小有名气的重点高中。我先后担任班主任、教研组长、政教处主任、教务处主任、党总支副书记、副校长等职务。2016年我辞去副校长职务加盟北京新学道教育集团任培训部主任，负责整个集团的教师培训、家长培训和学生培训。后因身体原因离开新学道回到唐山创办了NLP家庭教育指导中心和NLP学习指导中心，做家庭教育指导、学习心理调整、学习方法指导和教师培训工作。

近年来，我培训的家长、教师、学生达数万人，培训足迹遍及北京、天津、深圳、重庆、山东、山西、河北、河南、辽宁、新疆、内蒙古、安徽、云南、广东、黑龙江等地。我帮助许多因孩子教育面临困难的家庭走出困境，找回了久违的幸福；也帮助很多老师提高了他们的专业水平，使得他们面对学生在学习中的疑难杂症不再有无力感，对学生的帮助也更有效，同时也提升了他们的职业幸福感。

近十几年来，我的研究方向是NLP与教育整合，即以NLP为基础，整合了我30多年的教育教学经验。重点研究家庭教育以及学习心理和学习方法，自主开发了《学NLP，做智慧家长》《学NLP，做幸福教师》《NLP中学生超级学习力》《NLP与成长型思维培养》等课程，总结出NLP学习动力系统理论、NLP偏科矫正策略、NLP考试焦虑调整技术等。2021年出版了《方法对了，教育就简单了》，这是国内第一本关于NLP与教育整合的书。

2016年11月，我在为北京新学道晋中书院的家长做完培训后，有位家长找到我，说她的大女儿正在太原上高三，学习动力不足，第一学期还没有结束，就常常跟她说高考肯定考不好，准备来年复课再考。孩子的妈妈很着急，邀我为孩子辅导。在辅导时，我发现孩子数学偏科，而她妈妈在大学学的就是数学专业。孩子说她一遇到非常复杂的式子就不愿意往下做了，心里就很乱，像塞着一团乱麻，难受。不想写的程度从0到10，她打了8分，随后又补充说，比8分还要多。我用NLP的亚感元调整技术（详见《方法对了，教育就简单了》）为她做了调整，调整后，再看到复杂的式子，她的不舒服就由8变成了3。接下来我为她做了偏科的调整并指导了学习方法，孩子对数学的学习变得很有信心了。给我留下深刻印象的是，辅导结束后她不走，坐在椅子上自言自语："我怎么觉得这十几年白学了？""校长，你能不能去太原，我们太原有很多同学需要你这样的辅导。"后来孩子说了一句话让我很感动，她说将来要当老师，要把我教她的这些方法教给她的学生。

给大家分享一张有故事的图片。2017年高考前，我在山西省介休市第一中学辅导了一个考试焦虑的女孩子。辅导时她说在考试前一周就吃不下饭、睡不好觉、学不进去。一次辅导后，考试焦虑问题就解决了。在距离高考20天左右，她又找到我。对我说，"上次考得有点出乎意料，考了年级60多名。"我记得第一次来辅导时她的成

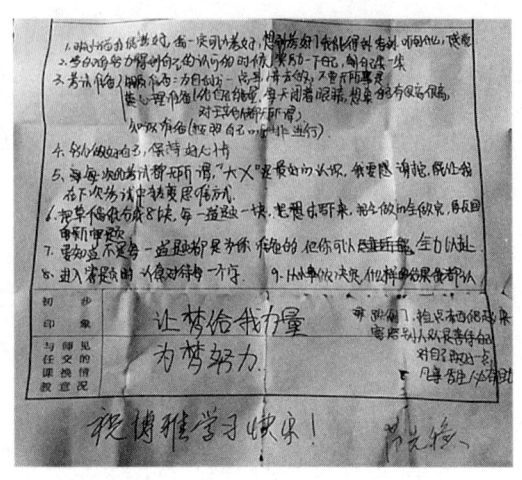

绩在年级排180名左右。她说临近高考了，同学们都很烦躁，这次是来咨询如何处理好和同学之间关系的。在辅导时，她从衣袋里掏出了这张纸，说是整理的上次辅导的要点，她每天都要把这张纸带在身上。有一次她在家里换了衣服，到学校后发现没带这张纸，就赶紧回家取了回来。第二次辅导后她要我签个名，说自己用完了还要留给她上初三的弟弟，下面"祝博雅学习快乐！"就是当时我签的。

类似的辅导我做过很多，也创造过很多"奇迹"：唐山一中一名高三学生，吃抗焦虑的药物半个多月了，害怕考试，辅导后当晚回到学校参加考试，考出了理想成绩；唐山市丰润区车轴山中学的一名女生因压力太大胃痛一年多，一次辅导就让她摆脱了压力，胃痛不药而愈，随后以积极心态投入学习中，2014年高考成绩达到二本段（按老师们预测这个学生只能考专科）；某重点中学精英班的学生，物理偏弱，经过一次学习指导，在一个多月后的期中考试中，物理考了年级第三，孩子一再嘱咐他父亲要把这个好消息告诉我。我曾通过一次辅导解决了唐山市丰南区第一中学一名高三学生

一到考试就肚子痛（已经持续了5年）的问题……每当我看到这些孩子因为我的辅导进步了或者压力缓解了，我都由衷地为他们高兴，也为NLP技术能帮助更多的孩子而欣喜。

当然，在这里给大家介绍的大多是我辅导成功的例子，辅导无效的也有。在教师培训时我也经常跟老师们开玩笑说："如果每次辅导都有这么好的效果，我早就成神仙了。我之所以举出这些有效的案例，就是想向大家传递一个信息：NLP这门学问太好了，值得我们深入学习和研究，并且我相信，既然我能学会，你也能学会。如果你掌握了这些技术，或许在对的时间、遇到对的人，就可以给他很大的帮助，这是很有意义的。"

为谁而学？

很多家长是在教育孩子遇到困难后才开始学习的，最初的我也是这样。一开始总是期望着能学得一招半式用来"收拾"孩子，让孩子听话、让孩子按照我预设的方向发展。这，让我走了很多弯路！

俗话说，方向比努力更重要。方向错了，越努力，你将离目标越远。期待"通过学习来改变孩子"的底层逻辑是"孩子出了问题，是孩子错了，是孩子要改变"。这一初心就有问题，它没有建立在尊重孩子的基础之上。

经过多年的学习和思考，我体会到，所有的学习都是"为己"而学，只有自己提高了，才能更好地帮助孩子。因此，我起了"为己"这个网名，由此也产生过一些误会，让人觉得我这个人很自私，只考虑自己。

老祖宗为我们留下了很多宝贵的精神财富，但有些被后人曲解了。大家熟悉一个词"无商不奸"吧？一次我和几位同学小聚聊起了这个话题，说到"无商不奸"……坐在我右手边的同学是经营水产品生意的，做得很好，听我这么一说，就不高兴了。跟我争辩说他因为诚信经营，所以交了很多朋友，怎么就成奸商了呢？我说，你别急，我说的是"无商不尖"，不是奸诈的奸，而是冒尖的尖，是一个褒义词，只是被后人解歪了。

什么意思呢？大家都知道有一句话叫"民以食为天"，古代开粮店是很赚钱的，那时候没有秤，买卖粮食都用斗或升，顾客要买一斗粮食，伙计就会把粮食装到斗里，随后用刮板刮平了，这就是一斗。而"无商不尖"是什么意思呢？是说商家在刮平之后，再抓上一把，形成一个"尖"，也就是商家让利给顾客，这才是"无商不尖"的本意。这种情况在以前是很普遍的，记得在我小的时候，那些走街串巷做小买卖的，都会在给足分量后再添上一些，这就是"无商不尖"。听了我的解释，这个同学连连点头称是。

2017年，我在北京新学道教育集团任培训部主任期间，工作地点主要在山西介休，在去山西工作之前，我把电视剧《乔家大院》看了一遍。其中有这样一个片段：乔致庸集资从南方购进茶叶，后经山西运到内蒙古。在南方茶叶产地，他要求供货方用一斤一两的原料制成标识为一斤的茶砖，到山西后以一斤的价格交给集资购入茶叶的商户。很多商户得知这个事情后，为了能多赚一些，重新把茶砖改为一斤，然后卖到内蒙古。而乔致庸则告诉伙计，不要改，怎么来的怎么走，因为他想到在运输途中会有消耗，当初在南方用一斤一两原料做茶砖也是考虑到了这一点，他要保证运到内蒙古后足斤足两。结果呢？其他商家将茶砖运到内蒙古后由于沿途损耗而分量不足，而乔致庸的茶砖的实际分量比一斤还多。其结果是，来年很多内蒙古商人只和乔致庸做买卖。"无商不尖"是乔致庸做生意的最基础的价值观，这也是乔致庸富可敌国的一个重要因素。

大家可以想一想，如果把"奸"改成"尖"，让"双赢""无商不尖"成为商界主流的价值观，社会风气会怎么样？仅仅是一字之差呀！

类似的情形还有很多。比如，大家都熟悉的"人不为己，天诛地灭"，有人理解为人都是自私的，自私是人的天性。其实这句话的正解是"一个人如果不提高自己、发展自己，老天都不答应"。"为"可以读成二声，我这样讲是有依据的。论语中有一句话："古之学者为己，今之学者为人。"说的是古圣先贤学习是为了提升自己，现在的人学习是为了在他人面前炫耀。"为己"就是提升自己的意思，这和"人不为己，天诛地灭"中的"为己"是一样的。因此，我起这样一个网名，目的就是提醒自己不断学习、不断提高。同时"古之学者为己，今之学者为人"也是帮助孩子理清学习意义的重要素材（详见后文中的《"怪兽"的故事》）。

NLP提倡的是"三赢"，有朋友说，这个我知道，三赢就是"你好，我好，大家好"。非也，NLP中的三赢不是"你好，我好，大家好"，而是"我好，你好，大家好"。这有区别吗？当然有区别，NLP把"我好"放在了第一位。那有人说，这样是不是太自私了？我说，不是自私，是自尊。我们不妨换个角度想一想，一个人如果自己不好，还想让别人好，这种好怎么样？一是好的层次低并且不可持续发展，二是这种好有时只是为了讨好别人，别人好了，自己很不好。大家可能看过郭冬临的小品《有事儿您说话》，这就是典型的把"你好"放在了第一位，所做的一切都是为了讨好别人，搞得自己焦头烂额。NLP则认为，只有把自己发展起来了（我好），才能让别人好、大家好。这时，你对别人的好才更有力量，才是真正的好。乘坐过飞机的人都知道，在起飞前，乘务员会提示带小孩的乘客，如果遇到突发状况要自己先戴上氧气面罩，再去照顾孩子。同样，家长只有先把自己发展起来了，才能有力量更好地帮助孩子。"父母是孩子的起跑线"就是这个道理。

因此，我们的学习是"为己而学"，是为了提升自己而学，自己提高了，自然能更好地助力孩子。

同样，我们也要把这个观点传递给孩子。告诉孩子，现在他的学习是为了发展自己、成长自己，而不是为了分数。分数只是自己成长的副产品。当孩子有了这样的信念之后，就能放下包袱，轻装前进，形成成长型思维，终身成长。

为此，在我的课程中融入了大量"个人成长"的内容。我坚信，幸福的家长一定能带出快乐健康的孩子。

我能为孩子做些什么？

2015年，我应邀为一家企业的员工家属做培训，在课间休息时，一个小女孩对我说："你教了我们父母那么多对付我们的招式，能不能也教我们一些对付他们的方法？"我问她："我教了他们哪些对付你们的招式呢？"小女孩想了想说好像也没有。我说，我可以教一些对付你父母的方法，想不想学？孩子很高兴："想！"我说，这个招式特别简单，就是看准时机夸夸他们：看到你妈妈穿了一条新裙子，就说"你穿上这条裙子太漂亮了"！当你爸爸出差的时候，给他打个电话，说你想他了，估计他会高兴得半宿睡不着。小姑娘连连点头。

NLP认为，一个人改变不了另一个人，只能为对方提供更多的选择。同样，家长学习的目的不是"怎么做才能改变孩子"，而是"我能为孩子做些什么"。

"范校长您好！麻烦您了。女儿刚转入一所名校的初三，现已开课，这个班每天都要在黑板上公布没按时完成作业的学生名单，她有点跟不上，名字总被公布在黑板上，这星期就不想去了。在家对抗了一天，做了半天工作，第二天才勉强把她送到学校。我担心过了星期天她又闹着不去了。我该怎么办？谢谢！"这是一位家长的求助微信。

我是这样回复的：首先，家长要意识到孩子是遇到了困难。在这种情况下，孩子承受的压力是很大的，父母要接纳孩子、理解孩子。同时想一想，我可以为孩子做些什么？而不要只顾着讲道理或用强迫手段逼孩子完成作业或去学校。在沟通时和孩子一起分析是哪些方面的困难让她完不成作业。找到原因后和孩子一起"脑力激荡"：除了不去学校，还可以怎么办？让孩子觉得家长是在和她一起面对困难，让孩子感受到这份力量……

在微信中，孩子的家长提到，"在家对抗了一天"，言下之意是孩子迫于家长的压力去了学校。然而，孩子到校后，昨天遇到的困难仍然存在，如果不能有效地解决，很可能还会提出不去学校。

这让我想到了一个曾经辅导过的孩子：这是一个上初三的女孩，孩子是爸妈哄着来接受辅导的。孩子给我的第一感觉就是玩世不恭，在她的心里啥事儿都不重要，啥事儿都无所谓。在和孩子父母交谈的过程中我了解到，孩子升初二时想和原来的朋友在一个班，让家长找关系调一下，当时孩子的父母没有答应，告诉她在新的班集体里也可以交到新的朋友。无奈，孩子只能默默地接受了。过了不久，孩子的身体就出了问题：精神萎靡，有两个月只能吃流食。家长带孩子去医院检查，也没有查出什么问题来。又过了一段时间，孩子的性情大变，变成了现在的样子。在跟孩子父母交流的时候，我问他们：想一想，如果是你，要面临多大的压力才能只能吃流食？换位思考就不难想象当时孩子承受着多大的压力！孩子现在的状态，是她面对压力调整的结果——压力太大，索性我拿它不当回事，并将这种心态推而广之，就变成了现在我们看到的样子。

孩子和家长的心灵地图是不同的，在家长看来"根本不算啥"的事，在孩子心中很可能是"天大的事"。如果家长当时帮助孩子调了班，如果家长教了孩子面对困难、交到新朋友的方法，或许孩子就不会变成这样。

类似这种孩子不愿意去上学的情况，家长要敏锐地觉察到这是孩子在学校遇到了困难，此时孩子最需要的是理解和实实在在的帮助。这也恰恰是让孩子感受到父母的爱（雪中送炭）并培养孩子以积极心态面对困难、提高孩子解决困难的能力的难得机会。此时，家长需要做的是站在孩子身后，和孩子一起面对困难，积极想办法、找资源。

解决类似问题，家长一定注意，不要总是扮演权威的角色——直接替孩子作决定，为孩子提供解决办法。在现实生活中，面对孩子遇到的困难，有时家长也会感到无能为力，但总有一些家长觉得应该给孩子一个办法，因此绞尽脑汁，甚至硬挤出一个连自己都不相信会有效的办法来提供给孩子，这样往往会弄巧成拙，时间长了会失去孩子对你的信任，不愿意将自己遇到的困难和家长诉说。建议大家用"先跟后带"的沟通技术和孩子一起想办法。

试想，在孩子遇到困难时，家长总能站在孩子的身后和他一起面对困难，给他支持和帮助，会怎么样？

阅读本书你可以得到什么？

前面提到，我把孩子的问题分为了两类：一类是操作性问题，对于这类问题有方法就能解决；另一类是成长性问题，解决这类问题需要家长和孩子一起成长。本书就是针对这两类问题设计的，既包括亲子教育理念、具体可操作的技术，又融入了大量个人成长的内容。

主要包括：

一、神奇的NLP：大脑工作原理、基本语言技术、幸福的四个程式、快速写生字策略、快速背单词策略等。

二、亲子教育理念：成长型思维和固定型思维、什么是真正的爱、为孩子的成长预留空间、孩子的心理特点及需求变化、如何对待孩子的"错误"、培养孩子崇拜老师的品质、亲子教育中的严和爱。

三、行为分析策略。

四、高效沟通策略：沟通杀手、有关沟通的NLP假设；沟通技术——先跟后带；精确语言技术；培养孩子成长型思维的沟通策略、建设性批评策略。

五、答疑解惑。

以下是两位家长的学习反馈片段。

NLP智慧父母课,如果范校长再重复讲一次,我相信会场依然会人员满座,只多不少。因为范校长的每一句话都是经典,都值得我们思考,学习,再学习。

与其说是在学习如何教育孩子,不如说是家长在成长。听着范校长的讲解,我们不断地重新审视自己,我们懂得了换位思考,学会了沟通的智慧。知道了"我是对的""我都是为你好"是隐藏的沟通杀手。"每个人都有自己的心灵地图""我们不要去试图改变别人,而是要成长自己"……

对待孩子方面,更让我们认识到,不是自家孩子不优秀,而是父母眼里只有孩子的弱点,一味地盯在孩子不足的20%之处,一味地拿自己孩子与其他孩子比。父母的格局小,怎能教育出大格局、阳光智慧的孩子来?

放大格局,做智慧父母,以前总是喊口号,不知如何做。这次听范校长的课后,我们找到了方法与技巧,我爱人用简单的赞美就让我们家庭其乐融融,如果家长们把范校长的方法技巧一一落实,我们的孩子,我们的家庭,都会变得更好。

方法对了,教育孩子就简单了。我们不做看客、凡客,要做望尽天涯路灯火阑珊的极客。

……

——明德一班学生家长

为期一天半的NLP学习结束，整理了两天做得满满的笔记，才知道收获远不止我脑海里一跃而出的东西！首先范校长的演讲幽默，风趣，娓娓道来：第一次听到了"为己"新的解读；第一次知道"心想事成"其实是你大脑中的程式所决定的，第一次知道我们的婚姻里，我们对待孩子，看他们做得好的那80%是如此重要。

想起了范校长说过的那首诗《鸟笼》，它让我们知道真正意义上的放手，让我们知道"让孩子感觉自己的价值所在"何等必要。我想，所谓的教育，就是让孩子去经历、去实践。欣赏范校长说的那句话：珍惜孩子犯错的机会，那是教育孩子最好的契机！耳目一新，有多少次，一看孩子犯错，我就着急，紧接着说教。现在想想，估计我的孩子当时的反应就如同"小孩不笨"中的孩子们一样左耳进右耳出，原来我所做的都是"无效沟通"。范校长提出的"先跟后带"的沟通模式和精彩的案例让我们看到了它神奇的效果，原本无法进行下去的对话因为这个模式而顺畅，并让面对困难的人想到了解决问题的对策，如果我们把此方法应用到日常的沟通中，一定可以帮助很多人！

包括解决孩子考试焦虑的问题，包括对待生活及事物的态度，开放抑或是封闭！想起了寇乃馨《我是为你好》的演讲，想起了那个"很有心计"的小妈，想起了马丁演说《父与子的战争》，想起了那个6岁靠乞讨养活爸爸的小女孩，每一个故事的背后都联系到了它要告诉我们的道理，都让我们更好地了解到NLP的程式！

总之，这是一堂生动而实用的家长课堂，接下来我要做的就是，在生活中去有意识地实践它们，方能更显其价值！学NLP，争做发光体，开启积极向上的人生，做智慧家长！

——明德一班学生家长

智慧语录

"爱+技术"成就良好的亲子关系。

制造教育灾难的人，往往是那些有强烈的教育意愿而不具备相当教育能力的人。

教育教育人的人比教育人更重要。

问题孩子是评价出来的。

孩子的问题可以分成两类：一类是操作性问题，一类是成长性问题，解决成长性问题的唯一途径就是家长学习成长。

学习是有风险的，并非开卷都有益。

父母是孩子的起跑线。

观点只有加上背景才有意义。

方向比努力更重要。

一个人改变不了另一个人，只能为对方提供更多的选择。

"三赢"：我好，你好，大家好。

知识只有用了才有力量。

第三章
亲子教育理念

接纳是改变的开始

在亲子教育界有一句"名言":"孩子的问题,都是家长的问题。"的确,这句话能唤起家长们学习的意识,但是,我很不喜欢这个观点。

一方面这个观点让很多家长"压力山大",家长因此觉得"亏欠孩子太多",以至于在孩子面前总是战战兢兢、小心翼翼,生怕哪句话说错了会伤到孩子,这样的心态怎么有力量帮助孩子?

一位学员说:

"以前上课越上越自责,还没有办法,恨不得给孩子跪下求得他的谅解,就是那种感觉。最后还是没办法跟孩子沟通,觉得都是我的错。现在上了范老师的课,感觉特别舒服,感觉我被接纳了。"

一位家长给我发信息说:

"前几天,电视上说问题孩子100%是家长的问题,孩子看到了,就跟我说,你看看专家都说了,是你的问题吧?

"我知道是因为自己的教育方法,孩子在学校出了问题时,出现负面情绪时，处理不当。

"这就像一把利剑扎在我的心上。"

可见这句话带给家长多大的压力！

另一方面，一旦孩子也认可了这句话，就会觉得自己是一个"受害者"，会在自己成长中遇到困难时把责任推给家长，不再为自己的行为负责任，甚至怨恨家长。就像上面那个孩子说的，"你看看专家都说了，是你的问题吧？"

我曾经辅导过一个高二的男生，在孩子初中时，父母未经他的同意给他转了学，到新学校后，他遇到了很多困难。当时父母不理解他，只是一味地鼓励他坚持。由于不适应新的环境，他的成绩下滑，和同学关系处得也不好，后来索性躺平了。在辅导时他说了一句话让我感到心寒："我就要让他们（父母）为当年的过失承担后果！"

NLP接纳过去，关注未来。 NLP导师张国维先生说：不是孩子的问题，也不是家长的问题，是我们暂时没有找到办法。

NLP认为，任何行为在当时都是最佳选择。我举一个例子来说明这条假设：从你家到工作单位有三条路，第一条是直线，最近；第二条路略长；第三条最远。你在上下班时会选择哪一条？有人说，"当然是第一条了"。我说未必，如果你孩子的学校在第三条路上，你想在上班时顺便送孩子去学校，这时你会选择哪一条？想必你会选择第三条。人们会选择对自己价值最大的行为，所以，无论选择哪条路都是你的最佳选择。

基于这个假设，我认为在NLP中没有"后悔"这个词。我们一起分析后悔背后的心理学逻辑：所谓后悔都发生在事后，而在你做那件事情的时候，无论你怎么做，都是你当时的最佳选择。后悔是指你站在另一个时空点去看过去发生的事情，而在这个时空点的你已经不再是"原来的你了"——或许你得到的信息更多了，或许你所处的角度改变了，或许你通过学习成长提高了。因此NLP认为，后悔是没有意义的。

同样，在孩子的教育中，家长要认识到，"到目前为止，我已经给了孩子我认为我能给的最好的了，我接纳我所做的一切。同时，我会继续寻找做得更好的办法"。

我很喜欢右边这张图片，一株幼苗从石头的缝隙中斜着身子钻了出来。看到这幅图，我最先感受到的是生命的伟大——即使上面压着一块巨石，即使在生长过程中遇到这么大的困难，这粒种子依然顽强地生根、发芽、

生长。不能一直向上，就顺势弯曲，它做了最好的自己。这给我们以启示：虽然我们看到的是一株弯曲的幼苗，就像我们看到了一个"问题"孩子，但是，它（他）仍然做的是最好的自己。

"到目前为止，孩子做了他认为最好的，我接纳他，相信在我的引导下孩子会越来越好！我接纳孩子的一切。"

这样可以让家长和孩子更有力量。

"做最好的自己"是人们耳熟能详的"励志语"，我不太同意这种说法。我认为，"我现在就是最好的了，通过学习我可以变得更好！"

接纳是改变的开始。接纳自己、接纳孩子，家长做了最好的自己，孩子也做了最好的自己，家长通过学习能得到进步，孩子可以通过你的引领更健康地成长。

放下包袱，才能轻装前进！

一天半的讲座，感觉时间太短，真想把范校长所列清单中的课程全部听完，也许是我太贪心了吧，可是我真的感觉太实用了，对我的影响太大了。

这么多年我一直走在学习的路上，但是范校长的课让我学着去转换思路，从另一个角度去看问题，这种指引比教给任何直接的方法都让人兴奋和感动。范校长讲的每一个内容都对我启发很大，其中"任何行为在当时都是最佳选择"这句话，让我觉得理解了我，让我突然释怀。在孩子成长的这十多年中，我的经历跟大部分家长一样，都想给孩子最好的教育，对孩子各种威逼利诱，让孩子参加各种学习班。后来通过各种学习，意识到了自己在教育孩子这方面的问题，然后就是对孩子的愧疚，各种后悔，回想起以前对孩子的那些伤害，心很疼，那种揪心的自责，有一段时间甚至让我在孩子面前变得低声下气，觉得对孩子亏欠太多。后来也通过学习，慢慢让自己成长，这种自责的感觉慢慢减轻，但是面对孩子所谓的"问题"时，还会觉得都是自己的错，是自己影响了孩子，然后就会想着各种办法去弥补以前的错误，一直还是很难从"我是不称职的妈妈"这种阴影中走出来。当听到范校长讲到"任何行为在当时都是最佳选择"，讲到了"我们已经是最好的自己了，以后会做得更好"，我突然释怀，热泪盈眶。压在我心里的石头就这么突然落地了。

回想孩子的成长过程，不只看到了孩子的痛苦，也看到了自己的艰辛，在那些阶段，我就是那样的妈妈，在竭尽全力给孩子我能给的一切，虽然那些事情对孩子造成了不好的影响，可是那个阶段的我做的就是最佳的选择。想到这些，我给了自己一个大大的拥抱，跟自己说，"你是不容易的，你凭着你的能力已经做到了最好"。我也看到自己的努力，这几年一直在学习让自己变得更好，希望给孩子更好的支持。突然就感觉身体轻盈，愧疚自责的包袱就这样卸下了，而且变得更加有力量，更加有信心。我的孩子不管他将来成为什么样的人，我们都尽力做到了最好，幸福快乐就好！

很感谢范校长的讲座，也感谢学校给我们家长提供学习的平台，希望以后能继续听到范校长的课程，非常感谢！

——学艺三班学生家长

"优生"躺平竟是……

2023年9月初，我接连收到两位家长的咨询电话，两个孩子的情况惊人地相似：都是男孩，都上高一，中考成绩都不错，考上了当地的重点高中，就是厌学，不想去学校。孩子的成长过程也极为相似：学习上，小学、初中家长管得严；在生活上又照顾得无微不至！

在小学、初中孩子听话，成绩好。到高中后，不知道学习有什么用，感觉学习苦、学习累，觉得活着没意思。两位母亲都怀疑孩子患上了"抑郁症"。

看似偶然，其背后包含着必然。

孩子在小时候，没能力没能量，遇到强势的父母，孩子选择了"听说照做"，表现出来的就是孩子听话、懂事。由于家长在学习上要求高，所以孩子用功，成绩也很好。孩子的学习动力主要来自家长、老师的压力，虽说由于成绩较好，考好了带给他的成就感也会给他带来动力，然而这样的孩子很难体会到学习的快乐，更不知道努力学习除了能考一个高分外还有什么价值。他的好成绩是

"熬"出来的。

随着孩子逐渐长大，变得有能力有能量了，思考的问题也渐渐多了，开始寻找"学习对我有什么意义""活着对我有什么意义"的答案，而当他得不到"能说服"自己的答案时，会很迷茫甚至很痛苦，于是觉得以前的努力没有意义，进而觉得是家长的"逼迫"让他受了很多苦。转而埋怨家长，与家长对立，甚至报复性地"躺平""摆烂"。

在和家长沟通的过程中，我发现家长既焦虑又自责，她们为孩子不上学焦虑，为自己没有能力解决这个问题焦虑，同时又觉得孩子目前出的问题都是自己教育出了问题，是自己的责任。试想，家长在这样一种状态下，怎么可能帮孩子从躺平、摆烂的状态中走出来呢？

所以，我给这两个孩子的家长提了以下四点建议：

一、先收拾好自己。"不是孩子的问题，也不是家长的问题，是孩子遇到了困难，家长暂时没有找到解决办法。"家长要和孩子一起面对困难，积极寻找解决问题的方法。

NLP有一条假设：任何行为在当时都是最佳选择，所以我的观点是：你已经给了孩子当时他认为最好的了，要接纳自己。对这两个孩子来说，家长的努力也是卓有成效的：孩子身体是健康的，孩子在文化课学习上打下了一个很好的基础……这都是家长努力的结果。当然，家长也要意识到，现在孩子的状态是在提示家长，在以前的教育中有些疏漏，今后在这些方面需要加强。

二、目前，不是孩子出了问题，而是孩子长大了，变得有能力有能量了，开始进行一些深度思考了，只是他暂时没有得到满意的答案而已。要想更好地帮助孩子，家长需要学习。

三、在当下，先要努力稳定住局面。及时和老师沟通一下，力争让孩子回到学校，可以请老师帮帮忙，看看能否通过老师和孩子谈谈心，解决孩子的困惑。同时，请老师引导孩子：他已经做了最好的自己，虽说在小学、初中没有找到学习的意义和价值，或许在小学和初中学得很辛苦，但他的辛苦已经有了回报——学习基础扎实，这是很多学生梦寐以求的，接纳现在的自己。同时他对自己有了新的觉察，开始思考学习的意义和人生的价值，虽说暂时还没有得到满意的答案，但以后随着自己知识的积累，阅历的丰富，一定会找到。以此引导孩子，避免让他觉得自己是"受害者"。

四、到这种程度，通常孩子和家长会对立，亲子关系紧张，家长要学一些沟通技巧，只有改变和孩子的沟通模式，这样才能更好地帮助孩子。

由于"家长在学习上管得严，生活上又照顾得无微不至"，孩子出现这样的状况是迟早的事，有的早一些，可能在小学、初中就经历了，有的可能晚一些，推迟到大学。大家都知道，大学里面厌学、挂科的、出现心理问题的学生有很多。之所以出现这类问题，与孩子的价值感不足有直接关系，关于这一点在后面会有专门论述。当家长遇到这类问题时，不必过于自责，要让自己和孩子从中获得成长，这就是成长型思维。

往瓶子里装什么？

被誉为"教育和尚"的寂静法师有一个著名的空瓶子理论："人是什么？人什么都不是，就是一个空瓶子，装什么就是什么。"可见，在这个瓶子里装什么比瓶子本身更重要。如果我们往这个瓶子里装矿泉水，这个瓶子的价值就是一两块钱。如果往这个瓶子里边装名贵酒，可能值几百块钱……如果往里面放更贵重的东西，它就会更有价值。

我很喜欢这个观点，它让家长们意识到往孩子这个"瓶子"里装什么是重要的，同时如果孩子也认同这个观点，就会主动向自己这个"瓶子"里装一些积极美好的、更有价值的东西。

家长往孩子这个空瓶子里面装哪些东西呢？我觉得应该有：**自尊、自信、责任感、价值感、创造精神、学习的欲望、勇敢、善良以及积极向上的思维程式——成长型思维，灵活地学习、适应新环境的能力**。理清了这些，我们的方向就清晰了。建议大家在读到这部分时，不要泛泛地读，要认真地体会，把这些记在脑子里，它就像导航一样，是教育孩子的"目的地"。不论出现什么状况，我们的行为都是为此服务的，都不能改变。

成长型思维和固定型思维

成长型思维是美国斯坦福大学卡罗尔·德韦克教授带领的研究团队历经40多年的研究成果，该成果指出人的思维模式分为两种：一种是成长型思维，另一种是固定型思维。（从NLP角度来说，就是两种不同的程式）

拥有成长型思维的人认为，人的智力和能力都是可以通过努力来改变的：大脑就像肌肉，你越训练它，它越会成长。大脑神经元链接的形成与加深，大多数是在做一些困难的事情和犯错误的时候。换句话说，就是"困难和错误能够让人变得更聪明更有能力""困难和挫折使人成长"。

当一个人拥有这样的信念时，他更能以积极乐观的心态面对困难和挫折，更愿意接受挑战，更能从过程中享受到乐趣，复原能力会更强，智力和能力也越来越强。

拥有固定型思维的人则认为自己的智力和能力是一成不变的，觉得个性和天赋都是生来就有的，自己不能改变，整个世界就是由一个个为了考察我们的智商和能力的测试组成的。因此，拥有固定型思维的人会非常在意这些测试的结果，在他头脑中有一个"优秀的标准"，希望自己是优秀的，同时担心自己在别人眼里不优秀。

持有固定型思维的人往往害怕失败，担心自己看起来不那么聪明、比较笨。过度在意外界的认可，过度担心自己的错误和失败，因此，不愿尝试自己不擅长的领域，遇到挫折时沉溺于焦虑、苦闷、不易摆脱，因而拒绝接受挑战、面对困难，由此他们的发展潜力会受到限制。

每个人都同时拥有成长型思维和固定型思维。在学习和生活的某些方面我们会使用成长型思维去思考、做事，而其他方面则可能使用固定型思维去思考、做事。

同样一件事，用不同的思维方式去应对，效果是截然不同的。比如考试，持有固定型思维的孩子认为考试就是检测，同时他会很在意考试的结果——成绩，当他担心自己考不好时就会产生焦虑，严重者在考前就会吃不下饭、睡不好觉、学不下去。而拥有成长型思维的孩子，会把考试看成高效学习的手段，通过考试可以得到反馈，这些反馈又可以让自己取得更大的进步，因此他会期待考试的来临。

你很聪明，就是不用功

在辅导中，我经常会遇到这样的学生：他们是老师和家长眼里的"优秀生"，成绩好、上进心强、各方面表现都很优秀，但是到了高年级（初三、高三），就不再去上学了，甚至在家里沉溺于游戏，成为"网瘾"一族。

在沟通中我发现，出现这种情况，主要是学生头脑中的固定思维在作怪。这些学生往往是因为一两次考试的失利，不再自信，他们开始害怕失败，担心自己考不好，为了避免考不好带给他的压力，索性不学习、不考试，这样就给自己考不出好成绩找到了一个合适的理由，以继续维护在他人眼中"我是聪明的"形象。

"我家孩子很聪明，就是不用功。"这是很多家长说过的一句话。表面上看是在鼓励孩子，岂不知，很多孩子在不相信努力会有成果的情况下，为了维护在别人眼中"聪明"的形象而放弃了努力。

我曾经辅导过一个高二男生，这个学生成绩很差，在辅导时他告诉我，他也很想把成绩提高上去。我说："既然你想提高成绩，就努力啊！老师会帮助你的。"他说："我不能努力，现在我成绩差，同学们都说我很聪明只是不用功，万一我用功了，成绩上不去，同学们就会笑话我。"可见，是否聪明在持有固定型思维的学生心目中有多么重要！

2011年暑假，我的一个朋友打来电话，说他即将上高三的女儿（高一时是我的学生）不学习了，希望我能帮孩子做个辅导。这个学生原本成绩很好，也很用功，突然间不学习了，家长非常着急。

来到我办公室，我问她，发生了什么事让她不想学习了？她告诉我说："同学都说我成绩好是因为我很用功，但我不聪明。我就要让她们看看，我不用功照样可以考出好成绩来。"很显然，这个学生特别在意的是别人眼中的她是否聪明，不再用功就是要证明给别人看。

我告诉她："傻丫头啊！你知道吗？这个世界上最不缺的就是聪明人，缺的是有坚强毅力能坚持的人！你怎么能丢掉那么宝贵的品质去追求是否聪明呢？"这个孩子悟性很高，回到家后就又开始努力学习，2012年高考，被南开大学新闻系录取。

借假修真

当然，如果我们赋予"聪明"新的意义，也可以借助孩子对"我是聪明的"情有独钟培养孩子的成长型思维。

著名教育家霍特在《孩子为什么会失败》中提到：聪明是一种生活态度，聪明的人在遇到新环境、新问题时，都会以开放的心态去接受。也会把问题牢记在心，并广泛收集相关数据，以便思考问题本身，而不会考虑该问题会对自己产生什么影响。

我们所谓的聪明，并不只是指能在某些测验中得到高分，或在学校的表现特别优异。我们所指的聪明，是指一种生活的态度——一个人处于各种情况下所采取的行为模式，尤其是处于新的、陌生的、困窘的环境中所抱有的生活态度。评估聪明的测验，并不是测验我们知道怎么做，而是测验当我们不知道怎么做时，我们应该采取什么态度或行动。

聪明的人——不管是年轻或年老的，当他们碰到新环境或问题时，都会以开放的心去接受它，也会将问题牢记在心，并广泛收集相关数据，以便思考问题本身，而不会考虑到该问题（或情况）对自己产生什么影响。他会勇敢、用心、诚恳地面对它，虽然不一定能完全把握，但至少还有希望。即使他解决不了问题，也不会感到可耻或自责，相反，他会尽量从寻求解答中学习，这才是真正的聪明。很明显，这种聪明，是根植于他对生命的投入与对生命本身的重视。另外，我们所指的不聪明，并非大多数心理学家所认为的那样，不聪明不单是缺少聪明而已。两者所抱有的是完全不同的行为模式、对事情的不同观念，也因而发展出完全不同的生活态度。经过多年的观察以及对聪明、不聪明（或比较不聪明）的孩子间所作的比较，我发现他们是完全不同类型的人。聪明的孩子对生命和现实充满好奇心，并充满体验生命、拥抱生命的热情，他和生命之间没有任何隔阂。不聪明的孩子则缺乏好奇心，对于周遭所发生的事不感兴趣，不愿面对现实，喜欢沉浸于幻想世界中。聪明的孩子喜欢亲身体验，广泛尝试，如果一种方法行不通，他会尝试其他的方法。不聪明的孩子则不敢作任何尝试，即使劝他尝试一次，也必须花费很多的时间和精力，万一尝试失败，他就会完全放弃。

聪明的孩子具有充分的耐心，能够忍受不确定和失败，而且能永无止境地忍耐，直到找到答案。如果他所有的尝试都失败了，他会勇敢地向别人承认自己暂时找不到答案，虽然这可能会带给他苦恼，但是他能够耐心地等待。一般而言，他不希望别人告诉他怎么解答问题，或解开他一直无法突破的谜团，因为他不愿意失掉自己想出解决方法的机会。不聪明的孩子则不会如此，他无法忍受不稳定或失败。对他而言，不能解答的问题并不是一种挑战或机会，而只是恐惧。如果他不能迅速地找到答案，便希望别人能尽快告诉他，为了得到答案，他什么都愿意做。

聪明的孩子对于自己不熟悉的地方，通常都愿意去冒险，乐于享受没有航线的航行，纵使碰到荒岛，他也乐于体验。例如，他通常会选择一些自己不了解的书来阅读，希望能够发现这是一本值得阅读的书。不聪明的孩子则只会走向他完全熟悉的地方；如果他对某件事没有把握或和他的某些经验不大相符，他就不考虑参与。聪明的孩子觉得宇宙是一个相当感性、合理而且值得信任的地方。不聪明的孩子则觉得宇宙是个无趣、不可知、危险的地方。他们觉得自己永远无法预测即将发生的事,尤其是面对新环境的时候,总之,他们永远都往坏处想……

"怪兽"的故事

拥有成长型思维的孩子能以积极心态面对困难和挫折,更能体会到学习带给他的快乐,成长更迅速。

我曾经辅导过一个学生,这个学生在高三时因为学习压力大找到我,希望我能帮帮她。

在辅导时,我问她:"学习可以给你带来什么?"她告诉我说:"可以让我考上一个好大学,将来能有一份好工作,也会有更高的收入,这样可以过上幸福的生活。"

"上好大学一定会有好工作吗?""不一定。"

"进了一个好单位一定会有高收入吗?""不一定。"

"有了高收入就一定会有幸福生活吗?""不一定。"

"你是不是意识到了好大学、好单位、高收入和幸福生活这个链条中还缺一样东西,这个东西叫能力,是吗?""是。"

"《论语》里有一句话:'古之学者为己,今之学者为人。'听说过吗?""没有。"

"如果让你选择的话,你学习是为己还是为人?"答:"为人,为人民服务嘛!选择为己多自私啊!"

"看来你还没有真正理解这句话。古之学者为己,是说古圣先贤的学习是为了提升自己;今之学者为人,说的是现在的人,是为面子而学,是为了在别人面前炫耀。理解了这个意思,再让你选,你会选择哪一个?""我选择为己而学。"

"为己而学就是为了提升自己而学,在为己而学的过程中一方面要注意全面提升自己,不仅仅是学习,还有如何与人沟通,如何应对学习和生活中的压力等等。二是要关注自己的点滴进步,比如上课时会做了一道题、弄懂了一个知识点、记住了几个单词,这些都是进步,都是在提升自己,你明白吗?""明白。"

……

在接下来的一次辅导中这个孩子说,当她意识到不是为名次学、不是为分数学,而是为了提升自己而学习的时候,就不再焦虑了,上课特别认真,还能积极主动地回答老师的提问。她学习的感受和以前完全不一样了,她找到了学习带给她的成长感。

2010年,这个学生参加高考,遗憾的是高考时她没有考出自己应有的水平。按平时成绩,她在河北可以考一个不错的一本,而高考成绩只比二本段略高,后来被保定学院英语专业录取。高考成绩出来后她到学校来看我,说很多同学都说她是怪兽。她说:"我们同学说,你考得这么不好,怎么也没看到你伤心、难过呀?看你反倒是挺开心的,你就是一个怪兽。"我对她说:"对呀,本来你可以考一本,现在只能上一个二本院校,我也没有看到你伤心啊,我看你也是怪兽。"她说:"不对呀!老师,是你告诉我要为己而学呀。不论我考到哪个学校,我都有继续提升自己的机会呀!"听她这么说,我很欣慰:"好,有你这句话,老师就放心了!"

大家想一想,每年有多少学生因为高考成绩不理想而闷闷不乐,甚至有过激行为?试想,如果学生们都知道是为了提高自己而学习,还会出现这些我们不愿意见到的悲剧吗?

就这样,这个学生去了保定学院。她在上大学期间抓住每个提高自己的机会:加入了学生会,当了班干部。在大一的第一学期就参加了系里组织的英语演讲比赛,在决赛上台前她给我打电话说很紧张,我用NLP技术为她做了调整,虽然最终被淘汰了,但对她来说,参与的过程比结果更重要!

在大三的时候,她去广东参加了一个疯狂英语的助教选报营。在培训结束前的最后一天下午,她打来电话,说自己要和另一个学员PK,谁赢谁就获得做助教的资格,自己很紧张。我在电话里对她做了一些指导并且回复她:"对你来说,过程比结果更重要。这次经历是你人生的宝贵财富。"后来她被录用了。

大学毕业她参加了研究生考试,被南开大学录取。现在研究生已经毕业,在北京工作。

这个学生之所以在遇到挫折的时候不气馁、不放弃,就是因为她拥有成长型思维,能从任何事情(特别是挫折和失败中)找到属于自己的价值。

两种思维模式下行为上的差异

很显然,成长型思维更有利于孩子的成长,思维决定行为,行为产生结果。对于持有固定型思维和成长型思维的人来说,在行为上有以下几个方面的区别:

面对困难和挫折

拥有成长型思维的人认为,困难和挫折是成长的机会,因而选择积极尝试;持有固定型思维的人会因害怕失败而选择逃避,不敢尝试。

面对失败和错误

成长型思维认为,"没有失败,只有反馈",错误是成长的资源，自己可以从反馈中受益，得到成长；固定型思维的人会因此陷入负面情绪中，甚至怨天、怨地、怨父母。

对努力的认识

成长型思维的人认为，努力可以提高智力、锻炼能力，并坚信一分耕耘一分收获（收获体现在多个方面，并非只体现在考试成绩上）；固定型思维的人认为，"我做不到，努力没有意义"。

面对批评

成长型思维的人会积极面对，获取反馈信息，让自己更有力量；固定型思维的人面对批评会产生负面情绪，觉得羞于见人，有的甚至会抵抗。

对待他人的成功

成长型思维的人认为，他人的成功是自己的资源（榜样的力量是无穷的）；而固定型思维的人认为，别人的成功是对自己的威胁，甚至会因嫉妒产生过激行为。

值得一提的是，很多"专家"都在劝家长"不要拿自己的孩子和别人比"，前面我提过"观点只有加上背景才有意义"，如果孩子持有的是固定型思维，和别人比时，孩子会觉得"很受伤"。如果孩子拥有的是成长型思维，"别人家的孩子"会成为他成功的资源。

培养成长型思维的十大假设

1. 凡事发生必有助于我。

无论发生什么事情都有一份属于孩子的价值，即使是犯错误。

跌倒了，捡点东西爬起来。

永远不要让孩子成为受害者。

2. 没有失败，只有反馈。

犯错误是学习的一种方式，而不是学习的坏结果。它为孩子的成长提供了积极的反馈，就像骑车一样，只有不断修正方向才能到达目标。

吃一堑长一智，失败是成功之母。

3. 凡事至少有三种解决办法。

当孩子遇到困难或挫折时，"凡事至少有三种解决办法"可以将孩子的注意力由关注问题转移到关注方法和资源上，继而会产生更多的应对策略。

有选择，即是有能力。

4. 孩子已经做了最好的自己，相信通过学习会越来越好。

接纳孩子的现状，关注他的进步而非关注成绩和名次。

5. 孩子也得了满分，只是比别人晚了半天而已。

充分利用考试的反馈提升孩子，获得反馈后的学习更有针对性、更高效。

6. 每个人都有自己的心灵地图，尊重别人的与众不同。

对同一件事，每个人都有自己的看法，这与一个人的知识、阅历、成长环境、价值观等都有关系，尊重别人的心灵地图，允许别人的看法和我不同。

7. 我学习，我成长。

一分耕耘一分收获，而收获并不一定在短时间内体现在分数和名次上，学会和自己比。

8. 作业中的错误也是成果。

做作业时，孩子付出了努力，即使做错了，在做的过程中孩子也思考了，锻炼了大脑的"肌肉"，同时也发现了自己在知识和能力上的漏洞，这是珍贵的学习成果。

错误也是资源，错误使人进步。

9. 别人的成功是我进步的资源。

身边的同学是孩子的资源而非竞争对手，孩子可以从别人的成功中得到借鉴。

10. 接纳起点，关注进步。

到目前为止，孩子就是这个水平，相信在他的努力下，会越来越好。

什么是真正的爱

高尔基说过：爱护自己的孩子，这是母鸡都会做的，但教育好孩子却是一门艺术。这句话被很多人曲解为：爱孩子是连老母鸡都会做的事。言下之意，爱孩子是天性、是很简单的事。然而，如果你认真观察，会发现老母鸡（动物）对孩子的爱是很有"智慧"的。下面我们一起来看看老母鸡是怎样爱孩子的，所谓的天性是什么。

你有没有遇到过这样的场景：老母鸡带孩子四处觅食，走着走着，发现了食物，于是让小鸡仔排成一排，"稍息，立正，向右看齐，向前看，把嘴张开"，随后老母鸡逐个喂小鸡仔。你看到过这样的情景吗？

当然没有，我们看到的是老母鸡把小鸡仔带到一个有食物的地方，自己吃自己的，小鸡仔独自觅食。当遇到危险的时候，老母鸡会把孩子护在身后。当小鸡成长到一定程度，母鸡就会将其驱离，让它独立生活。

母鸡是没有接受过任何教育培训的，这些行为都源于它的本能，也就是我们所说的天性。

我认为，任何生命来到这个世界上都是有使命的，都是为了种族的延续和发展。为了保证种族的延续和发展，在生物进化过程中，会将有利于种族延续和发展的基因遗传下来，这就是本能，这就是天性。

当然，人也有这个本能，但是，为什么我们在爱孩子的过程中会做那么多不恰当的事、走那么多弯路呢？

美国国家精神卫生研究院大脑研究和行为实验室主任麦克林提出了"三脑合一"理论，这三个脑分别是：爬虫脑、哺乳脑和皮质脑，前两脑合在一起称为潜意识脑，皮质脑负责显意识。动物没有皮质脑，它的行为依靠本能。人和动物的区别在于人有主观意识，这使得人有了区别于其他动物的智能，能更好地发展世界和改造世界。同时，人的主观意识也对老祖宗遗传给我们的爱孩子的本能产生了影响，特别是各种功利思想严重阻碍着我们对孩子成长的判断。此外，培养孩子的周期过长使得人们很难凭经验把握教育规律，很多在当下觉得正确的做法，放在较长的时间框架内就会出现问题，这严重干扰着我们对教育行为结果的判断。因此，对孩子的成长规律进行科学研究很必要且重要，同时家长也需要更专业的指导，家庭教育需要系统地学习。

十年树木，百年树人。人的教育不能仅靠本能，而应该遵循教育规律。

父母对子女的爱以分离为目的

那么，什么是真正的爱呢？

真正的爱必须满足两个条件：一是家长为孩子的成长提供必要的物质基础。让孩子吃饱、穿暖，有一个安全的成长环境，这是对家长的最基本要求。二是在我们这么做的时候，父母尤其要清楚地意识到，这些付出只是为了有一天孩子离开我们时，能够依靠自己的翅膀飞向另一片天空。

英国心理学家希尔维亚·克莱尔提出："世界上有很多种爱，唯独父母对子女的爱是以分离为目的。"

关于这一点，我们仍可以从动物的本能中看出端倪，如狼、狐狸等，在幼崽期会受到百般呵护，稍大一点就开始练习捕食、躲避危险等基本生存能力，一旦成年就会被驱离，而不会让它"啃老"，这也是为了种族的延续和发展。

我在网上看过一则报道：日本有一个女孩叫阿花，4岁的时候就已经开始被妈妈"逼着"拿刀做饭了。

2002年，身患乳腺癌的千惠冒着癌症复发的危险，坚持生下了女儿阿花。怎奈自己时日无多，她思考给年幼的孩子留下什么呢？金钱，权力，地位，财产，什么都没有。想了想，她只能教会她做饭、做家务，让她认真过好每一天，即使自己一个人也能好好地活下去……

在阿花4岁生日那天，千惠送了一条漂亮的围裙给她。"阿花，做饭这件事与生活息息相关，我要教你如何拿菜刀，如何做家务，只要身体健康，能够自食其力，将来无论走到哪里，做什么，都能活下去。"

2008年，千惠走完了生命的最后一程。她把最宝贵的"遗产"都交给了阿花：教她独立生活的本领，让她认真努力地过好每一天……

阿花会做各种家务，能照顾好自己和爸爸。

2012年3月，爸爸将千惠生前的博客记录做成一本名叫《阿花的味噌汤》的书，纪念妻子，也给阿花留下关于妈妈的美好回忆。

阿花的故事感动了无数人，还被拍成了同名电影《阿花的味噌汤》。

"妈妈，阿花有件事想告诉你，所有的便当我都会自己做了……妈妈，我一直记得你对我说的话'不说别人的坏话，不忘记微笑'。阿花有的时候也会想哭，但是想到妈妈和爸爸，阿花就不哭了。"阿花10岁时给妈妈的信中这样写道。

这个母亲是不是很伟大？得了乳腺癌，觉得陪伴孩子的时间不会太多，她想到的是教会孩子最基本的生活技能和积极乐观的人生态度。因此，她在陪伴孩子的有限的几年中，在孩子这个"瓶子"里装入了自信、责任感、善良和积极乐观的心态，这就是真正的爱。

父母对子女的爱是无条件的，同时也是有目的的，爱的目的就是为了分离。

为孩子的成长预留空间

由于"爱",很多家长为孩子做了人生设计,一方面他们为孩子的成功(才)扫清障碍、铺平道路,另一方面用自己的权威强制孩子行走在家长设计的"成功"之路上,不能越雷池半步,孩子稍有逾越就会招致家长的批评、指责,致使孩子的成长空间变小。

过小的成长空间,会让孩子失去很多发展个人能力的机会,会让孩子的视野变得很狭窄,会影响孩子的思维模式,也会让孩子的心理感觉更不安全。

自信与焦虑

给孩子的成长预留空间,要让孩子有一个安全的心理环境;要让孩子感受到,不论发生什么,爸妈都会和他一起面对,这样孩子就更有力量。

一个朋友问我:"你是做家长培训的,有这样一种现象,你怎么看?"他说:"我曾经遇到一个小男孩,我问他:'小朋友,你今年几年级？'小孩抬头看着妈妈说：'妈，他问我几年级！'孩子妈妈说：'你就告诉他呀。'这个小孩听他妈妈这么一说，就告诉我他上四年级。我接着问：'小朋友，你叫什么名字？'孩子仍然一抬头，对他妈妈说：'妈，他问我叫什么名字。'对于这个现象，你怎么看？"我半开玩笑地跟他说："这个孩子已经废了一半了。"

类似的现象很多，你会发现有些孩子跟父母在一起的时候，他每说一句话，都要看看父母。

并非孩子不知道答案，而是因为孩子的内心感觉是不安全的，家长的一些行为会使孩子感到恐惧、害怕，孩子担心达不到家长的期望，无法取悦家长，或怕犯错、失败，致使他们不敢冒险、体验、尝试挑战困难或不熟悉的事物。因此，他生怕哪句话说错了而遭到家长责怪，不得已要先请示家长或看看家长的脸色，这已经成为他的思维习惯。

担心失败，担心犯错误，这恰恰是固定型思维的特征。

而这些来源于平时家长和孩子的互动（评价）。一方面，家长通常较喜欢温顺、谦恭而且对家长心存敬畏的孩子，所以习惯用恐惧来驾驭孩子，让他们听话、顺从。另一方面，家长更多地关注了孩子做得不好的20%，把目光聚焦在孩子不足之处或欠缺的地方，习惯用焦虑和恐惧推动孩子。这种纠错式的教育给孩子带来的是紧张不安，孩子在做某件事情之前，首先想到的是困难，是做不好的后果，会不自觉地问自己"如果做不好的话该怎么办"，这会让孩子很焦虑，孩子也会越来越不自信。

以考试焦虑为例，在我辅导时，几乎所有有考试焦虑的孩子都担心如果自己考不好父母会不高兴、老师会不高兴，担心同学瞧不起他。如果家长能关注孩子做得好的80%，把目光聚焦在孩子目前能够做到的和具备的长处与能力上，相信孩子，鼓励孩子去尝试。不论结果如何家长都不抱怨，都能引导孩子体会到成长（具体方法参见后文"培养成长型思维的沟通策略"），孩子就会有安全感，也会更自信，心理也更健康，更容易培养出成长型思维来。使他们不怕困难、不怕挫折，把困难和挫折看成自己成长的机会，这样的孩子就会有一直向前的动力。

一个充满爱的家，应该是一个没有恐惧的地方。家长不是用恐惧去驱动孩子，而是站在孩子身后，在恰当的时机给予孩子恰当的鼓励和帮助。

体验全过程

给孩子的成长预留空间，不急于对孩子的行为作出评价，让孩子有更充分的体验，是孩子成长的宝贵资源。

有些家长为每天早晨叫孩子起床伤透了脑筋，家长往往要催促很多次孩子才能起来。有的家长担心孩子上学迟到，催孩子起床的时间越来越早，次数也越来越多，如此循环，家长和孩子都痛苦不堪。

如果我们给孩子预留空间，把起床的事情交给孩子自己，即使要迟到了，家长也不催促，让孩子充分体验起晚了吃饭会很匆忙、路上会很急、稍有耽误就有可能迟到，迟到后会被老师责罚……有了充分体验后，孩子自然会做出调整。这样，一两次的迟到体验或许就能让孩子有了时间观念。

许多家长不给孩子空间，看到孩子要迟到就去催，逐渐地，孩子会认为叫他起床是父母的事，他要面对的不是迟到产生的后果，而是如何应付家长叫他起床，矛盾也由此产生。假如某天起晚了，他还会把责任推给家长。催作业、催学习也是同样的道理。

曾经有一位学员问我："范老师，我们家的两个孩子经常吵架，吵起来后就找我来告状，让我给她们评理，弄得我很烦，遇到这种情况怎么办？"我回答："让她们吵，你只负责安全，让她们充分体验生气、吵架、自我调整的整个过程，这样她们才会逐渐发展出与人相处、协调矛盾的能力。这样做后，你会发现过不了多久，小姐俩就会重归于好。"

艾德·梅尔老师的故事

这是《学习如何学习》中的一篇故事。

艾德·梅尔老师，多年来一直在各种机构中从事辅导儿童的工作。在这个真实故事发生的当时，艾德是一些"半途之家"的指导员，这些机构主要是为问题儿童所设立的，这些孩子的平均年龄大约只有十岁。其中有一处"半途之家"，因为新进了四名孩童而引起一阵骚乱，工作人员绞尽脑汁都束手无策，他们对艾德表示，那些孩子已经无可救药，怎么都学不会与人合作。艾德是那种永远不放弃的人，因此，他对这个现象感到很奇怪。

他收拾了五个人的露营用具，不但为自己准备了一个极大又舒服的帐篷，还有两个小帐篷，每个小帐篷都刚好给两名小孩共享。他采购了手电筒、食物，为自己准备了好书和其他野营必备的工具。接着，他走进屋里，召集那四名儿童，对每个人宣布："我们这个周末要去露营，直到星期一早晨才会回来。"他走出门外，后面是四名几乎发狂的孩子,以及目瞪口呆的工作人员。他甚至听到有人在批评他的神经是否有问题……

他们开车到达森林,找到一处最佳的营地。艾德走下旅行车,把装备卸下来,并将它们整齐地堆放在空地上。他回过头来告诉孩子们,现在他们必须分成两组,并指定各组的组员。他表示,自己会将露营需要知道的所有事情,传授给他们。他是个露营专家,可以提供丰富的相关知识。另外,他也建议他们和自己的组员互相合作,才能享受更多的乐趣。这四个孩子立刻变得像逃离家庭般无拘无束地疯起来。艾德说:"随你们去吧!"他开始搭建自己的帐篷,寻找枯枝和柴火,既为明天的早餐预先打理,也慢慢地准备度过舒适的夜晚。孩子们则嘲笑他乏味的举动,他又对他们提出了一些有关团队合作的忠告,但强调事情要如何处理,全看他们自己的意愿。最后他表示,自己真心希望他们能学会露营的技巧,并好好享受营地的生活。到了傍晚,蚊子正要开始活动,艾德的帐篷,包括蚊帐、手电筒和有趣的书籍等等,都已经就绪。孩子们的装备却还原封不动地放在老地方。孩子们还在爬树、互相追逐和捉小昆虫,玩得不亦乐乎。黑夜逐渐降临,身为一名优秀的营地领导,艾德又向孩子们发出了几次劝告,但孩子们的反应依旧和刚才一样。他们要他不必担心,并表示知道如何照顾自己。

艾德只好说:"好吧,孩子们晚安。"孩子们有点吃惊地看着他爬进自己的帐篷,密不透气地紧紧关上他的帐篷,蜷曲着阅读他的好书,享受一个愉快宁静的夜晚。艾德表示,他忍不住偷听他们的反应,他们立刻回到原本进行到一半的游戏中,直到深夜。

第二天,当他们起床时,已经是早上八点钟了,艾德发誓一定是刚煮好的咖啡、熏肉和煎蛋的香味将他们叫起床的,因为他已经好几次叫他们起来吃早餐，都没有得到任何反应。同时，他并不认为他们昨晚曾好好地睡觉，因为他们四个人挤在一顶没有折叠的帐篷下，没有一个人完整地被帐篷所覆盖，全身都被蚊子咬得红肿。

他们抱怨夜间的寒意、湿气和同伴，甚至周遭的一切，蹒跚地走向艾德所燃起的营火。不幸的，当他们走向营火时，艾德正在将最后的一点点咖啡倒在营火上，以"避免森林大火"。接着他伸了个懒腰，赞叹在星空下享受了一夜的好觉。当他将剩余的早餐倒入灰烬之中时，又将它们打散，以免死灰复燃。另一方面，他又提到自己昨晚所看的书有多么棒，希望他们和自己一样，享受了美好的一夜。在他们打断他的话之前，他开始一段愉快的散步，而他们就跟在他的后面……

他大叫着："没有什么事比得上在凛冽的早晨进行一次森林漫步。"他宣布，这是为他们计划的一次自然之旅。他愉悦地为他们介绍自然的奇观，各种花、树木和鸟儿等等。他尽量使他们保持忙碌，没有时间休息，直到中午，他们都精疲力竭地准备休息，而且饥肠辘辘，因为他们只能在艾德"计划中的活动"空档吃点东西，这些微不足道的东西远比不上艾德丢进火堆中的早餐。

到了下午，他们不断向艾德要求休息、喝水和吃东西等等。当他们返回后，艾德对于找到这样完美的营地、享受一个有趣的周末深表欣喜，也对自己所准备的露营器具、蚊帐、营火和美丽的自然景观给予极高的评价。

又到了傍晚时刻，艾德再度取出一本好书来阅读。这一次，在他钻入帐篷之前，得到了一连串的问题。孩子们将搭帐篷时需要知道的，以及如何避免蚊虫的问题，都一一向他提了出来。他利用这个机会，向他们展示如何以两人一组的效率，来完成每一项工作。

他指导他们如何收集柴火,以及多大的树枝才能搭起第二天早晨的营火等等。他向他们表示,自己并不想剥夺他们的乐趣,所以让他们第二天早上自己煮早餐,如果他们有什么问题,他也会在场。

于是,这个周末的其他时间过得相当平顺。星期一早晨,当他们两个人一组,背着整齐的装具,由一位谦虚的营地向导带领着回家。他们有秩序地将车上的东西卸下,将它们放在储藏室中适当的位置,然后很快地回到自己的房间。稍后,又带着自己的课本出现,准备去上学。四个人陆陆续续地出发,好像什么事都未曾发生过一般。

其余的工作人员则在一旁看傻了眼,他们问艾德,究竟做了什么,使那些孩子有了如此大的改变。他回答:"嗯,我们去露营,也说过我们星期一早晨会准时回来上学。现在,我们回来了。"

广阔的视野

给孩子的成长预留空间,孩子才可能有广阔的视野,在孩子眼中不能只有学习。有的家长为了让孩子专心学习,就跟孩子说:"只要你好好学习,其他的都不用你管。"岂不知这种做法剥夺了很多孩子了解社会、感受生活、形成正确的价值观和培养能力的机会。在这种理念的指导下能向孩子这个"瓶子"里装入自尊、自信、责任感、热情、创造精神吗?

想必很多家长都听说过神童魏永康的故事。魏永康1983年出生于湖南省华容县,13岁考上重点大学读本科,成为当时湖南省年龄最小的大学生;17岁考上中科院的硕博连读研究生;20岁时因生活自理能力太差,知识结构不适应中科院的研究模式被退学。

2020年4月,一位初二学生的家长给我打电话,说孩子经常说活着没意思,他很担心,怀疑孩子患上了抑郁症。这种情况是很常见的,这与家长没有注意为孩子的成长预留空间有关,孩子的生活面、接触面太窄,视野不开阔,对社会了解得太少,所以他感受不到人生的意义。在孩子小的时候,这个问题不明显,当孩子成长到一定年龄,自我意识觉醒了,就会思考人生的意义,如果找不到答案,就会有类似的困惑。如果孩子得不到及时有效的指导,甚至会发展出较严重的心理问题,这样孩子不仅在学习上没有动力,也会缺乏生活动力。我告诉这位家长,在和孩子沟通的时候告诉孩子,之所以他有这样的困惑,是因为他长大了,也希望自己更有价值,他是在积极寻找自己生命的意义,只是暂时没有找到而已,每个人都会经历这样的过程,对生命意义的理解也不是一成不变的,而是发展的,爸爸妈妈会帮助他,和他一起寻找生命的意义和价值。

常常听到家长抱怨孩子没有远大的目标、生活没有方向,甚至有些孩子还会沉迷于游戏。试想,如果家长没有意识到给孩子的成长预留空间,没有有意识地让孩子经历一些本该经历的事情,而是让孩子生活在家长为他打造的"安全屋"里,在孩子的世界里只有吃穿住行、学习、游戏,他怎么可能有广阔的视野,有远大的目标呢?怎么能感受到学习以及生命的意义和价值呢?

走出网瘾

孩子长大了,就需要有自己的空间。就像树林中,紧挨着大树的小树是长不起来的,孩子也一样,搂在家长怀里的孩子是长不大的。

2016年10月,一位学员打电话,说她儿子因为在大学沉迷于网络,很多学科挂科,现在只剩一次补考机会,而就他当下的学习水平和学习状态来说,根本就过不了补考,因此面临着被退学的危险。老师建议他先休学调整状态,一年后再参加补考。

这名学员是当地一所重点高中的优秀语文教师。她在打电话时很焦虑,一方面是对孩子未来的担心,因为她心里很清楚,要想让孩子在一年内调整过来,是很困难的;同时也焦虑这件事如果被邻居和同事知道了,自己会很没面子。她问我:"快要进小区了,我该怎么办?是不是要把他带回家?"

在很多家长的心里,孩子就是自己的面子:孩子优秀,自己脸上就有光;孩子出现了问题,就会觉得无地自容。

爱面子无可厚非,只是当面子遇到孩子的成长时,我们要理性地排一排序(这就是NLP技巧——价值排序),是自己的面子重要,还是孩子的成长重要?

我想,父母一定会选择孩子的成长。家是什么?家永远是孩子的港湾,父母要让孩子知道,当他在外面不论是遇到了不能解决的困难,还是犯了错误,他还有家,还有父母。回到家,父母会和他一起面对困难,面对错误!(如果家长和孩子都有这种意识,很多悲剧就可以避免)

在电话中我跟她说,任何行为在当时都是最佳选择。孩子之所以走到这一步,也是由他认为的一个个最佳选择累积起来的,做家长的要接纳他,只有接纳才能更好地帮助孩子改变。先安顿好孩子,注意在和孩子沟通时不要言语过激,要考虑到孩子被退学也承受着很大的压力,以免孩子产生强烈的对立,甚至会做出一些我们不愿看到的行为。当孩子情绪稳定后,坐下来和他好好聊聊,力争说服他和我见一面。

幸运的是，这个孩子同意和我见面。

辅导时他说也想走出来，只是控制不住自己。

在辅导中，我了解了他的成长经历。上小学时，妈妈对他的学习看得很紧，他的成绩非常好。升初中，他考到了妈妈工作的学校，这样妈妈更有条件看着他了，他成绩也很好。中考时以优异成绩考上了当地最好的高中，随后他妈妈也调入这所高中。刚升入高中时他的成绩也很好，妈妈尝试开始放手，没想到的是，高二时他的成绩一路下滑，最差到过班级的后几名。妈妈看到这种情况，觉得再不管一管他就没救了，于是又启动了原来的模式，继续盯着他的学习，一直到高考，最终他考上了一所二本学校。

孩子升入大学，他妈妈再也没有能力调到大学去教书了，也看不了孩子了，孩子呢？终于"自由"了，逐渐地沉迷于网络游戏。

辅导时，孩子跟我说："范校长，我的生活很简单，我很满足现在的生活。"我说："的确，你的生活很简单，一台电脑，吃喝有人管，不用你操心，然后呢？"

我们一起分析了他的成长经历。小的时候，他没有能力没有能量，对父母的话听说照做，是父母眼中的乖孩子。父母对他的学习看得紧，他也会在这种压力下努力学习，因此成绩很好。随着年龄逐渐增大，他需要更大的生活和心理空间。于是尝试着突破原有的空间，对父母不再言听计从，但是由于父母看得紧，父母的力量很强大，他虽然做了尝试，但并没有得到想要的结果。若干次后，他知道了凭自己的力量是突破不了的，于是就老老实实、规规矩矩地在父母为他提供的空间中发展，这在心理学中被称为习得性无助。就这样从小学到初中到高中，这种模式让他取得了好成绩，同时限制了他在其他方面的发展，如与人的沟通能力、生活自理能力。升入大学后，面对全新的生活以及与人交往时的困难，他选择了逃避。而网络游戏对沟通能力等要求很低，同时，又让他看到了一个原来不曾接触过的世界，在这个世界里，他找到了自我（我认为对某些孩子来说，沉迷于网络是孩子在寻找自我）。在网络中，他可以得到现实生活中得不到的成就感，也能够感受到自己的价值，于是沉迷于网络游戏不能自拔。

此外，由于成长空间小，他的思维受到了限制，目光只聚焦在当下的学习与生活，很少关注未来（前面提到过，他的生活很简单，也很满足）。

我认为，游戏上瘾的孩子，他们的心中是没有装着未来的。在孩子妈妈打电话跟我叙述他的情况时，我就推测他的眼球转到右上角时会不舒服，因为当眼球转到右上角时是在构想画面（可参考《方法对了，教育就简单了》中的读心术）。因为孩子很少想他的未来，他的眼球转到右上角的机会也很少，所以会感觉不舒服。在辅导时，我让这个孩子动一动眼球，左上、左下、右下、右上，我在一旁观察。我发现，当他的眼球转到右上角时，会迅速拉回到中间来，而其他位置没有问题，他的情况和我最初的判断是吻合的。

我引导他想象10年后自己的样子：10年后多大？工作环境怎么样？家庭怎么样？……对于这个孩子来说，这个过程很艰难，他几次跟我说想不起来，经过反复引导，才想象出10年后自己的样子。接下来引导他想象20年后自己的样子，30年以后怎么样？后面的引导相对顺利一些。辅导后，孩子长出了一口气，说想出去走走，先去浙江大学见见他的表哥，然后去一趟上海……整个辅导进行了一个多小时，孩子离开时，表情明显放松了，脸上也有了笑容。

随后，我跟他妈妈沟通了辅导情况，告诉他妈妈，这是孩子在成长中遇到的困难，家长要站在孩子的身后去帮助他支持他，这样才可以让孩子尽快地走出来。

过了一段时间，我接到这名学员的反馈，说孩子找了一份帮助别人组装电脑的工作，虽然辛苦，挣的钱也不多，但干得挺开心的，她曾试图劝孩子继续学习但没有成功。

2018年9月5日，孩子妈妈给我发来微信：范校长，向您汇报一个好消息，孩子终于步入了正轨。前年休学后，经过您的辅导逐渐转变，他学会了开车，卖过手机，当过中介、搬运工、快递员，也体会到了生活的艰辛。去年暑假后重返大学，孩子回到学校的一年中我提心吊胆，由于荒废了三年，上半年跟不上，头疼得厉害，靠吃安乃近顶着。下半年有了很大的进步，顺利地升入了大三。他的变化不仅仅是学习方面，整个人变得积极向上了，也乐观开朗了，又恢复到了原来的样子。再次感谢您，三年了，我终于可以踏实了！在假期里他的学分还不够升入大三，他一个月没有出门，今天成绩出来了，补考的科目全过了。谢谢范校长，您是孩子生命中的贵人！

网瘾的情况千差万别，有一种就是由于家长没有为孩子的成长预留空间，孩子看不到自己的未来和未来的自己。

还自由给鸟笼

我非常喜欢台湾诗人非马写的一首小诗《鸟笼》。

鸟　　笼

文/非马

打开

鸟笼的

门

让鸟飞

走

把自由

还给

鸟

笼

当你给孩子的成长预留空间的时候，得到自由的不仅仅是鸟，还有鸟笼——家长。

曾经有一个同事找我，她儿子当年上高一，她说："范校长，我快受不了了。"我问她为什么？她说，每天晚上要陪儿子写作业到11点，自己身体还不好，耗不起。我说，写作业是他自己的事，怎么还需要你陪？她说孩子希望她陪着。我说回去告诉你儿子，这样陪写作业你身体承受不了，从今天开始让他自己写作业。过了几天，这个老师跟我说，她不陪孩子写作业了，孩子和她都轻松了，这就是还自由给鸟笼。

当我们给孩子的成长预留空间，当孩子能为自己的起床负责时，当孩子能为自己的学习负责时，当我们把成长的权利还给孩子的时候，获得自由的不仅是孩子，还有家长！

父母的工作并不是要创造一种特定的孩子。相反，我们是要提供一个充满爱且安全、稳定的保护空间，让充满无限可能的孩子都可以蓬勃发展。我们的工作不是塑造孩子的思想，而是让这些思想去探索世界的所有可能；我们的工作不是告诉孩子该如何玩，而是给他们玩具，然后在孩子玩完后再把玩具捡起来。我们不能逼孩子学习，但可以让他们自己学习。

——摘自《园丁与木匠》

园丁和木匠

知名学者曾仕强先生说，父母要清楚四件事：替他做什么？教他做什么？陪他做什么？让他做什么？请大家注意这里面的逻辑关系：在孩子没有能力的时候替孩子做，孩子有了能力就教孩子做，孩子学会了就陪孩子做，孩子熟练了就让孩子做。理清楚这四件事，就能更好地给孩子的成长预留空间，同时解放家长。

例如，老师告状说，孩子动不动就发火，一发火就打人。遇到这种情况，如果家长能教会孩子除了发火以外表达情绪的方法，比如，大声地和对方说"我很生气"，那么，孩子的选择就不是唯一了，再遇到同样的情况，他有可能启动另外一种程序，这就是教孩子。有些孩子的能力没有发展出来，与家长教得少有关。

经常听家长抱怨，孩子的房间总是很乱，说过多少次"像猪窝一样"，孩子还是不愿意收拾。如果我们想到收拾房间也是一种能力，就可以跟孩子说："宝贝，妈妈陪你一起收拾。"边陪边教，估计这样做比家长声嘶力竭地喊效果要好很多。

我非常喜欢右边这幅图，家长在孩子的身后，一只手给孩子指明方向，另一只手给孩子力量。家长这个角色很符合前面我曾经提到过的：家长学习的目的不是"怎样才能改变孩子"，而是"我能为孩子做些什么"。这时，家长就是站在孩子身后支持孩子成长的"园丁"。

现在，请你想一想，你跟孩子是怎样的位置？是站在孩子身后吗？我接触的大多数家长是站在孩子的对面，按照自己的预设对孩子生拉硬拽。在家长脑子里有孩子"应该成为"的样子，于是用力拉孩子使其成为自己想象中的样子。站在孩子对面、生拉硬拽的家长就像"木匠"试图把孩子打造成他心目中的样子。这样，家长和孩子都不舒服，家长累，孩子也累。

如果你是"木匠"，就要有很高的水平，不仅能"科学"地规划孩子的未来，而且当孩子遇到困难时，还要能为孩子提供完美的解决方案。当然，即使你有这个能力，我也不赞同你这么做，这是对孩子生命的不尊重，同时会让孩子失去了遇到困难解决困难、提高能力的机会。或许在一段时间内，孩子的发展看起来很顺，但能力锻炼不出来。

当然，现实生活中，大多数家长没有达到这个水平，又转变不了自己"木匠"的身份，当孩子遇到困难时，就像我在前文提到的那样，绞尽脑汁，硬挤出一个连自己都不相信会有效的办法来提供给孩子，这样，只会让孩子失去对你的信任。

我经常跟家长说，把自己从神坛上拉下来，你不是万能的，有些事你是做不到的,你"挤"出来的那些方法不如没有。

做园丁,站在孩子身后,成为孩子成长的支持者。这时,你只需学会有效地沟通(第四章重点讲沟通),而不必成为"样样精通"的权威!你只需站在孩子身后帮助孩子、欣赏孩子,和孩子一起成长。想到这些,压力是不是小了很多呢?

有一个孩子上初三,成绩在班里名列前茅。孩子回家后偶尔用手机玩玩游戏,家长总是觉得"玩游戏挤占了他的休息时间、锻炼身体的时间,自己有义务、有责任提醒他",所以,家长因手机的事时不时地"教育"孩子,孩子不服,娘儿俩经常发生冲突。

在辅导时,我问家长:想想和孩子的位置关系,你是站在了孩子的对面,还是站在了孩子的身后?你的角色是"木匠",还是"园丁"?

"好像是站在对立面了。"家长想了想说。

"世界上有三种事:自己的事,他人的事,老天的事。玩游戏和学习是谁的事?"

"是他的事。"

"由于玩游戏完不成作业着急恐慌是谁的事?"

"也是他的事。"

"安排不好学习和游戏的时间是谁的事?"

"是他的事。"

"想到这些都是他的事,你的心情怎么样?"

"放松了一些,不那么焦虑了。但总觉得我有义务,有责任提醒他。"

"这是你行为的积极动机,一个行为,我们不仅要看积极动机,还要看效果。从你的描述来看,效果是不好的。"我接着说,

"我觉得你的义务不是提醒他,而是帮助他。有时提醒是很招人烦的,因为你在提醒时把自己放在了对的位置,把对方放在了错的位置。"

"嗯嗯。"

"'我是对的'是沟通杀手之一。好的,现在理清楚了,那些事都是他的事,而不是你的事。看着他手忙脚乱的,你的义务不是提醒他,而是帮助他。当然,在你以前和他的沟通中,也不是仅仅尽了提醒的义务,你是想控制。"

"是,我明白了。"

"接下来可以做类似这样的沟通——'儿子,最近我发现你有些手忙脚乱的。既想玩会儿游戏,又要完成作业,玩游戏时挺兴奋,玩完了又担心没时间做作业,还担心成绩下滑。这在成年人的世界里属于时间规划出了问题,时间规划能力是一个人非常重要的能力,做事有条理也是一个人非常重要的素质。你想想,怎么安排游戏和学习的时间会更好些呢?需要我帮你做些什么?'这时,你就把'孩子的事'还给了他,你就是孩子的支持者,是园丁。"

> 爱的意义不是塑造我们所爱之人的命运,而是帮助他们塑造自己的命运;不是为了向他们展示道路,而是为了帮助他们找到自己的道路,哪怕他们所走的道路不是我们想选的,也不是我们能为他们选择的。爱孩子并不是给他们一个目的地,而是为他们的旅程提供给养。
>
> ——艾莉森·高普尼克

成为一位稳定且可以提供可靠学习资源的"园丁",要比成为一位直接教导式的"木匠"更有价值。

价值感是孩子的生命动力之源

孩子在小的时候,没能力、没能量、有需求。他的需求主要是爱,所以小孩子愿意黏着父母,因为父母可以给他爱,可以满足他的需求。

随着孩子年龄的增长、知识的积累、阅历的丰富、能力的提升,逐渐地会发展出另外一种心理需求——价值感,也就是感觉"我是有用的,我是有价值的"。

抑郁与价值感的缺乏

我接触过很多心理有问题的孩子,包括一些被医院诊断为抑郁症的孩子,他们之所以会出现问题,主要是因为缺乏价值感。这样的孩子在家里往往是衣来伸手饭来张口,父母对孩子学习、生活照顾得非常周到,用他们的话说"一切为了孩子"。这些孩子随着年龄的增长,就会从心底涌出一个问题:我到底为什么活着?我有什么用?当他找不到答案而又得不到及时疏导时,就容易产生心理问题。

有一个高二学生,在家辍学半年多,他的父亲找到我,说孩子不想活了，请我为孩子做辅导。辅导时，我让孩子画了两幅图，我把这个图叫"价值线"。如图（1），先画一条水平线，然后以这条水平线为基准，垂直这条线向上画，用线的长短来表示家庭成员对家庭贡献的大小。他们是三口之家，三条线画出后就是这个样子。孩子在画到自己这条线时，只点了一个点。可见在他的心目（潜意识）中，自己是无价值的。

进一步了解孩子的成长情况，孩子说父母在生活上把他照顾得很周到，自己也从未想过要为父母做些什么，他说找不到人生方向，觉得就像在浓雾中行走一样。当我问"你希望这条线多长"的时候，他拿起笔毫不犹豫地把这条线画得比他父母的还长得多，如图（2）。这说明他发自内心地希望对家庭有更大的贡献，希望自己是重要的，有价值的。

画完这条线后，我问他，看着这条线，想到当你对家庭的贡献超过了你的父母时，你有什么感觉？孩子说很高兴，觉得自己是有用的，同时感受到了一份责任。说这些的时候，孩子的腰板都挺直了。

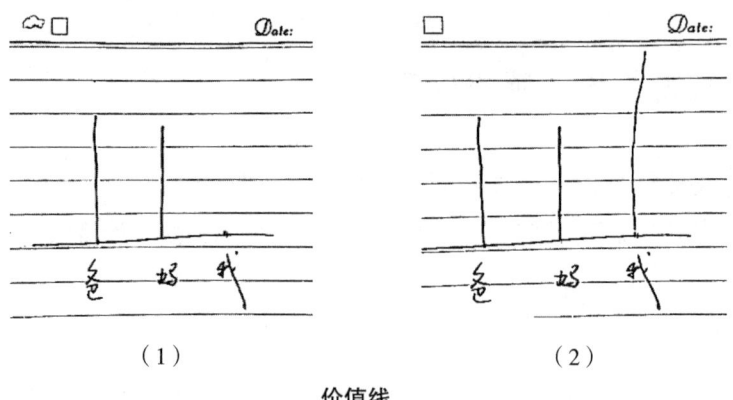

（1）　　　　　　　　（2）

价值线

我2017年5月底在山西省介休市第一中学辅导了一名高二年级的学生。辅导前，班主任向我介绍了她的一些情况：孩子在高一的时候成绩很好，曾经考过年级第一，高一期末考试也是年级前十名。进入高二后情况越来越差，上课不能集中注意力，常常发呆。三月份请了一个月的假，父母带她出去旅游，回来后情况仍没有改善。曾经看过心理医生，医生说她是中度抑郁。辅导时，孩子说她控制不住自己，经常有不好的想法。

我让她画出价值线，第一次画时，她把自己那条线画到父母一半那么长。画完后我问她，真是这么长吗？她笑了笑，说是为了应付我才这么画的，她根本就不想画，接着就点了一个点。当我问她希望自己这条线

多长时，她也是毫不犹豫地把这条线画得比她父母都长。接下来，我问她有没有帮助过别人，她说有，我问她帮助别人的时候有什么感觉？她说很高兴。我说，对了，因为每个人都希望自己是有价值的……

当这个孩子第二次来到我的咨询室时，脸上有了笑容。

目前，学生中抑郁症的检出率很高，有材料显示，青少年抑郁症检出率高达24.6%，重症7.4%。NLP认为，所谓抑郁主要源于人们头脑中的三个限制性信念——无望、无助、无价值，被称作三个"思想病毒"。所谓的"无望"就是看不到希望，绝望；"无助"指的是面对困境有一种无力感；"无价值"就是觉得自己活着没有意义，感觉自己的生命没有价值。而对于青少年来说，其主要原因是"无价值"，如果家长能智慧地为孩子提供体验价值感的机会，孩子不仅不会抑郁，心理和精神也都会健康。

一位知名企业家在演讲中提到，他的妈妈从小就经常告诉他：

见到别人就想"我能为他做些什么",来到一个地方就想"我能为这个地方带来什么",真是一位很有智慧的母亲啊!这两句话能让孩子的心中随时随地充满一份爱,这绝对是给孩子最珍贵的一笔财富!

为孩子创造体验价值感的机会

遗憾的是,孩子虽有对价值感的需求,但自己意识不到,所以会觉得是"在浓雾中行走,找不到人生的方向"。父母呢?更不懂要为孩子提供感受价值感、增强价值感的机会,不仅如此,还会不自觉地和孩子争夺体验价值感的机会。

2015年寒假,有一位北京的家长带儿子来到唐山,找我为孩子指导英语学习方法,孩子在北京的一所国际学校上初中,寒假后将升入高中。因为以前我曾辅导过孩子的数学,所以英语辅导也很顺利。辅导后,我单独和他的父亲进行了沟通。

沟通完辅导情况后,孩子的父亲说早晨出来之前,他们吵了一架,他痛哭了一场。他又说:"范校长,我的家人和朋友都知道我是没有眼泪的,但是今天,我实在是控制不住了。"

孩子的父亲原来是在东北老家做企业的,因为孩子在初二时与同学产生了矛盾,不得已转到北京这所国际学校。在当时,这所学校的学费是初中每年13万,高中每年16万。为了孩子,他在北京租了房子并放下了原来的事业来北京发展。孩子周一至周五住校,周六日在家,父子一周在一起的时间只有两天。

孩子的父亲说:"为了孩子,花多少钱就不说了,为了他,我放弃了自己的事业,可孩子一点也不懂事,不懂得感恩。除了在学习上不上进以外，还时不时地跟我发脾气。今天早晨，我们拌了几句嘴，他就把我推出门外，怎么叫他都不开。这么冷的天，我穿的衣服很单薄，手机也放在了屋里，他就是不开门。想一想这些年在他身上付出的心血，我太寒心了！实在控制不住，就大哭了一场。范老师，我辛辛苦苦地养了一只白眼狼啊！我该怎么办呢？"

他还说了一件事，前段时间他心脏出了些问题，做了个小手术，为了不影响孩子的学习，他没有告诉孩子，是爱人从老家过来陪他住的院。让他寒心的是，当孩子从其他渠道得知他做手术后，竟连一句问候都没有。

听了他的叙述，我笑了一下，对他说，你先别急，我给你讲一讲我的故事。我儿子上高二那年冬天，当时我是丰南一中的副校长，晚上我去学生宿舍查宿，从宿舍楼出来的时候，不小心踩到一块冰上，摔倒了。当时是右手着地，顿感胳膊特别疼，我感觉是骨折了。跟我一块去查宿的两个主任，一个抱住我的头，另外一个就想拉我起来，我说先别动，让我缓缓劲儿。随后其中一人打电话叫来学校的司机，要送我去医院。我跟二位主任说："先别急，叫我儿子过来。"当时他们很不理解，其中一位就说："我们送你去医院，你还不放心？况且孩子都已经睡了，明天还要上早自习，打扰他干什么？"我笑了笑说："我当然放心了，只是平时我们家里没大事，我摔倒了就是我们家里天大的事，我要让他知道，他在这个家里是很重要的，他必须到场。"当时我想的是什么？"我不能白摔呀，这是多好的让孩子体会价值感的机会啊！"于是，他们把我儿子叫过来，一起去医院。在送我去医院的途中，孩子一直都很紧张，始终抱着我的胳膊，生怕由于汽车颠簸，加剧我的疼痛。就这样到了夜间12点多，打上石膏后，我们才回到学校宿舍休息，第二天他真的没有起来去上早自习……

讲完我的故事，我对这位父亲说，相似的事情，我们的处理方式完全不同：你不告诉孩子，怕影响他的学习；而我要求孩子必须到场，因为我想通过这件事让孩子感觉到他在这个家里是重要的，爸爸需要他。

价值感越强，孩子的生命动力就越强，孩子越知道感恩。越给孩子提供实现价值感的机会，孩子越能体会到父母对他的爱，才知道什么是恩。多创造机会让孩子为父母做些事情，并及时给予正面回馈，这样孩子就会越来越懂事。

盯住孩子的优点和"可以被利用的地方"，创造机会"利用"孩子帮你做些事，孩子的价值感就越强，你也会觉得更轻松，何乐而不为呢？

让孩子融入家长的思想圈

除了要在日常生活中培养孩子的价值感外，还要注意培养孩子在思想上的价值感。

2016年暑假，秦皇岛的一位家长带孩子来咨询。孩子在当地的重点中学读高一，已经辍学两个多月了。孩子小的时候是跟着爷爷奶奶长大的，直到上初中时父母觉得孩子跟他们不亲，就把孩子接到身边一起生活。孩子的父母是开蛋糕店的，晚上很晚才能回家，为了多休息一会儿早晨起得也很晚。而孩子晚上睡得早，第二天早晨还要早早起床去上学，只能在外面吃早点。虽说孩子和父母生活在一起，但他们交流的机会非常少。

后来孩子的父母发现，孩子要的钱越来越多，远远超出孩子的正常开支,进一步了解到,孩子要钱是为了笼络同学,给他们买东西吃。

在很多的家庭中,父母和未成年子女间的交流往往仅限于吃、穿、用、花钱、学习,很少有思想上的交流,孩子游离于父母的思想圈之外,这样的孩子很难在思想上获得价值感。在我和孩子父母沟通后,他们也意识到了这个问题,我告诉家长,有"愁"可以向孩子发。家长可以把自己生活中、工作中遇到的困难跟孩子聊聊,并向孩子表示想听听他的建议,这时孩子会觉得怎么样?他会不会觉得自己是重要的?会不会积极地帮助家长想办法?这就是思想上的价值感。有很多家长不愿跟孩子谈这些,"有事情自己扛",这种做法是值得商榷的。把自己的烦恼传达给孩子,不仅可以提高孩子的价值感,同时也为孩子成长提供了新的背景,成为孩子成长的资源。

价值感就像肌肉,需要不断地锻炼,不然就会退化。家长的智慧就在于不断地为孩子提供感受自己是"有价值"的机会。

游戏上瘾背后的逻辑

我辅导的一个男孩,初二,学习动力不足,上网课腰来腿不来,每天早晨家长要叫好多次才能起来。喜欢网络游戏,也经常因游戏与家长发生冲突。

辅导时孩子说也希望获得好成绩,也希望考一个好高中。然而,在学习中遇到困难就本能地想避开。

很显然,这个孩子学习动力不足,阻力很大(关于学习阻力可参考《方法对了,教育就简单了》),但玩游戏的动力很足!

值得我们深思的是,这背后的逻辑是什么?是什么让孩子对玩游戏有这么大的动力？

　　辅导中我发现，很多孩子的世界（生活空间）小得可怜！这与家长为孩子成长预留的空间太小有关。在孩子的世界里只有"学习、父母的唠叨、吃、穿、游戏"，因此，他们"鼠目寸光"，只关注眼前，很少想自己的未来。这样的生活背景很难让孩子有学习动力。特别是当孩子在学习上遇到困难，感觉学习很痛苦，不相信自己能学会、能学好的时候，游戏自然就成了他们寻找自我的重要手段：现实生活中没有的自由空间，在游戏中有；在现实生活中没有的成就感，在游戏中可以得到；在现实生活中没有的价值感，在游戏中可以得到；在现实生活中得不到的尊重，可以通过游戏得到；生活中不能自主选择，游戏中可以；生活中的失败让他很痛苦，在游戏中失败了可以从头再来……

　　至此，你是不是意识到了，并非游戏让他有动力，而是"被尊重、成就感、价值感、自由空间等"让他有动力。这些是构成一个人生命的重要因素，在哪里能得到，在哪里就有动力。

　　如果孩子在现实生活中能够得到这些，玩游戏对于他来说仅仅是为了消遣，家长大可不必担心。如果孩子在现实生活中很难得到这些，游戏就是他的命。家长不让他玩游戏就是在要他的命，于是他就会跟家长拼命，拼不过家长就放弃生命，很多悲剧就是这样发生的。

　　"范老师，孩子去年因发烧没有参加考研，今年暑假到现在一直在家复习，但玩游戏的时间远远超过了学习时间。想着临近考试，孩子会抓紧时间，结果又临阵脱逃，不打算考了。"

　　"他说是量子物理太难，网课听完之后开始做题，发现不会，就不想再学了。"几次跟孩子沟通，害怕他有抑郁倾向。他说从高三到现在对学习都提不起劲，失去了兴趣。确实，大学四年里，一年比一年状态差，有挂科，勉强毕业。

"想让孩子就业，他也不想，反正对啥都不感兴趣，还说知道自己现在状态不好，说如果现在这样就业，等于没有自己的理想了。几次提到游戏，他说其实也不想打，如果有一天连游戏都不想打，那就等死了。"一个家长给我发微信这样说。由这位家长的叙述我们不难看出，这个孩子因觉得"量子物理"太难，觉得考研"无望"，临近考试，有一种"无助"感，所以临门一脚选择逃避，好在孩子还有"理想"，至于游戏，他也不想打，只是在游戏中寻找"自尊、成就感、价值感"，弥补现实生活中的不足而已。还特别提到如果某天不打游戏了，那就等死了。

了解了游戏动力足背后的真相，我们是不是要反思一下，在我们给孩子创造的生活和学习环境里，孩子体会到的"尊重感、价值感、成就感"更多，还是批评、指责、打骂更多呢？这是不是让我们找到了帮助孩子走出游戏世界的方向？看到这里，是不是要回想一下我们要往孩子这个"瓶子"里装什么？

让人头痛的小男孩

每个班都会有让老师想起来就皱眉头的孩子，我们班也不例外。班里有个瘦瘦的大眼睛男孩，叫子良。他一开始就引人注意的原因是，只要老师一说话，他马上脱口而出接着说，滔滔不绝。在他自说自话的时候，我认真观察，他的知识面很广，比班里的其他孩子懂得都多；他语言表达能力很强，思路很清晰，叙述的时候不会前言不搭后语。刚开始的时候，他在课上抢答，我还会表扬他反应敏捷，他很是洋洋得意。但是后来我发现，他就是不想让其他孩子说话，老师提问的所有问题，他都不举手，张嘴就说。对此，我单独找他谈话，要求他一定要先举手，等老师叫，再回答。子良答应得很好，但是到课上照旧，夸夸其谈，没完没了。为此我很是恼火，却想不出好的对策。就算这样，也不能每节课都让给他来表演吧！

　　随着时间的推移，我对子良的了解越来越多，我发现他虽然课上讲的知识都会，家庭作业完成得却很糟糕，字迹潦草，错误百出，这让我很费解。科任老师在我们班上完课会告诉我，子良是班里纪律最差的孩子，不但他自己很闹腾，旁边的同学也会和他一起闹翻天。走路排队的时候，走在他前边、后边的同学老是告他的状，踩别人的鞋子，推别的同学，朝着女生吐口水……每天状况不断。我批评他，他就会不停地狡辩，每次都说不是他的错，实在不行，就瞪着一双大眼睛，眼泪汪汪，无辜地望着老师。想起这个孩子，我就抓狂。

　　我家访了解到，孩子的父母在北京工作，一两个星期回来一次，孩子平时跟着姥姥、姥爷和小姨，小姨家的两个孩子最大的不到三岁，小的几个月。姥姥也很无奈，说子良每天回家，不打一顿不会写作业，每次作业要写两三个小时。小姨的孩子睡觉的时候，他会故意把孩子弄醒，让孩子大哭。家里大人看住他，他就摔水杯，摔板凳，要不就大声唱歌叫唤，等孩子号啕大哭了，他就老实安静了。姥姥全家开会决定，把他送去小饭桌，实在是管不了了。结果，三个星期换了两家小饭桌。哪家小饭桌都不爱要他。

　　我就在想，子良的小脑袋里面到底在想些什么呢？让我意识到事情的严重性，是在一个星期一的早上，子良来到教室，很安静，坐到座位上，打开书，一声不吭。我有些奇怪，走到孩子身边，我大吃一惊。孩子的左脸，巴掌印一个摞一个，很明显地印在脸上。我蹲下来问他："子良，你干啥了？谁打你了？""爸爸，因为我在小饭桌写作业太慢，小饭桌阿姨和爸爸说不要我了。"孩子说得很平静，没有表现得很委屈。我把孩子抱在怀里，想不出应该怎么安慰这个孩子。我觉得我必须和孩子的父母谈谈，我要求子良的父母联系我。沟通时孩子的爸爸说他也很无奈，每次回来都是全家人讨伐儿子的种种罪行，这个孩子就没有一点儿讨人喜欢的地方。

我就是觉得孩子不在父母身边，会孤单。小姨家的孩子又让姥姥分担了很多精力，没有时间管他。所以孩子在家、在学校才会有那么多的反常行为，想引起家长、老师和同学的注意。我和家长约定：1.子良的父母每天和孩子视频聊天半个小时，聊天的时候，不要打断孩子，不要批评孩子，孩子不提出要求，不要给孩子建议。2.姥姥让子良在家帮忙照顾小妹妹，帮忙取奶，帮忙扔垃圾。3.我在班里安排子良和另外两个小男孩帮班里打水、洒水、擦黑板，指定子良领导另外两个同学。

说实话，我也不知道，这么安排下来，这个让人又恨又怜的孩子会不会有所改变。我就是觉得孩子孤独，需要陪伴。孩子得不到肯定，需要价值感。自此，子良帮班里干活很积极主动，我会表扬他黑板擦得很干净，要是地上少洒一些水就更好了。不到两个月的时间，子良的爸爸联系我，告诉我，子良说在学校很开心，很爱上学。姥姥说子良帮小妹妹扔纸尿裤的时候，从来不嫌脏。我发现，子良的家庭作业的书写比以前工整了。我就是用的范校长教我的，让孩子体验价值感，效果很快就出来了。

值得一提的是，子良上个学期不停地在生病，姥姥带他到处看医生，这个学期，身体没问题了。

学了NLP后，我最大的感触是，在工作中和生活中遇到问题，我都积极面对，不抵触，不牢骚，不发脾气，这是我没有学NLP之前绝对做不到的。

——常玲玲

我也行——价值感让龙龙脱胎换骨！

龙龙是一个长得虎头虎脑、挺可爱的男孩子。我刚接手这个班时，第一个记住的就是他，因为他实在是太皮了！没有一会儿能稳稳当当地坐着。家长和孩子聊认识的新同学时，孩子们最先记住的也是他。一是因为老师点他名的次数太多了，自然而然就记住了，还有就是几乎一到下课就会有哪个孩子被他闹，会出现小摩擦。

平时的学习活动，他总是不能按时完成。1.上课听讲不认真，讲的内容学不会。2.词语过关，总是被老师追着，而且词语不会读，总得放学被留下教着读会。3.一下课他第一个跑出教室，书桌从不收拾，脚底下垃圾也不捡，而且出去找他都找不着。

我觉得龙龙就是为了淘气而存在的，学习对于他而言没有意义，或者说是他很讨厌的事情。因此，第一个学期龙龙一直学习没有动力，成绩低。

我一直在想怎样才能转变他，说服教育成了家常便饭。我总是谆谆教诲，要好好学习，长大了才能有出息啊。偶尔也会上演河东狮吼：龙龙你怎么又不听讲，龙龙你词语还没过关呢，下课又跑没影了……唉，我俩一直在斗智斗勇，斗实力啊！家长也是，三天两头就要和我密谋一下，怎么治治他。在我和家长的重压之下，终于有了效果，龙龙被逼着把该学的东西学会了，成绩不高，但不是太难看。

新学期开始了，一个假期的放松，龙龙又开始混日子。我着急了，家长也犯愁了，怎么转变这个孩子的学习态度，激发他的学习积极性呢？这个问题一直在我脑子里盘旋，就是得不到一个满意的答案。

这时，周校长组织学习范校长的NLP课程，为我逐渐地拨开了云雾。在提到孩子需要价值感这个理论的时候，我看到了希望。龙龙在我和家长的重压下，是不是失去了价值感，破罐破摔了呢？于是，我马上从提升龙龙的价值感这方面开始实践。

首先，针对他的个人习惯，下课不收拾书桌，不捡脚底下垃圾这个问题。我给每行委派一个专门检查课桌摆放和捡垃圾的组长，龙龙是其中一个。我告诉他们，自己首先要做好，才能去监督别人。此后龙龙每天下课再也不第一个冲出教室了，叉着胳膊来来回回地检查他们那一行的同学，那感觉就像是大王驾到。（我不知道该怎么形容，很有气势，还挺可爱）

然后——其实这个然后不是我想出来的，是龙龙自己要求的，可是效果却出奇地好。就在我刚委任他为生活小组长之后，还没等我想好下一步怎么做，龙龙自己向我提出一个请求，他想检查同学们的词语过关。我们班是50个孩子，我每天有针对识字的词语过关。因为人太多，我只能检查几个学习小组长，然后组长检查同学。龙龙很腼腆地走到我跟前，很小声地说："老师，我也想检查同学们词语过关行吗？"我很痛快地告诉他："可以啊，只要你过了关，就可以检查别的同学。"只看他一下就高兴地咧开大嘴，然后急切地跟我说："老师，我要过关，快检查我。"于是，从那天开始，龙龙再也不出教室了。我的词语一出来，他指定是第一个冲到黑板前的，有不认识的词语，追着问啊。自己过关后就一个一个地找同学过关。现在啊，龙龙忙得没空出教室了，有时他还忙着提醒我："老师，你还没写词语呢。"

龙龙的转变是给予学生价值感最直观的实践证明。是NLP的学习让我有了新的认识，同时也敢于不断地进行尝试。价值感让龙龙脱胎换骨，也让我的工作有了更大的动力。在开家长会的时候，我和家长们分享了龙龙的案例。我当时就说："我有信心能够改变龙龙的学习状态，同时用好的学习状态带动他的全面学习。"我想，让龙龙名列前茅不是一件困难的事情。静待佳音吧！

——赵爱凤

做父母最大的悲哀，莫过于付出自己的全部，却养不出感恩的孩子。

一阴一阳之谓道，独阴不生，孤阳不长。

因被家长照顾得无微不至，从来没有过困难体验的孩子，是感受不到别人的帮助带来的愉悦的，因为习惯了，他们认为家长的这些照顾都是"理所当然"的，因此他不知道什么是恩，更无恩可感。

被照顾得无微不至而没有照顾过别人的孩子，是无法体验到帮助别人的快乐的，这样的孩子不仅不知道什么是感恩，同时还会缺乏价值感，觉得人生没有意义。

给孩子的成长预留空间，让孩子对困难挫折有更深的体验，在孩子最需要帮助的时候，再伸手去帮他，这样他就知道了什么是恩。

多为孩子创造一些帮助他人的机会，让他体会到价值感，让他觉得自己的人生是有意义、有价值的。

孩子越用越懂事，孩子越用越懂得感恩！

在辅导中，经常会遇到一些"学习动力不足"的孩子，通过聊天，我发现很多孩子不仅学习动力不足，人生动力也不足。不仅在学习上提不起兴趣来，对人生也无兴趣可言，而这些都源于价值感不足。因此，我认为，"价值感是一个人的生命动力之源"。

逆反是怎么回事？

青春期的孩子逆反是教育中最大的谎言！

很多家长诉苦说孩子开始不听话了，逆反了。面对孩子的逆反，家长们常常手足无措。然而，我认为，逆反是家长在无力教育孩子时为了推卸责任给孩子贴上的负面标签。

孩子一定会逆反吗？不尽然！下面我们从NLP角度来分析所谓的逆反是怎样产生的。

相信家长们都有体会，孩子在小的时候不会逆反，因为他小的时候没能力、没能量，但是有需求。父母在他们眼中就是"神"一般的存在，父母无所不能，父母能够满足他们被爱的需求，孩子们明白这一点，于是就变着法子让父母满足他们的需求。比如孩子要买玩具，一开始向父母表达诉求，父母不答应，他就开始央求，如果父母还是不答应，就有可能撒泼耍赖……这时，孩子是主动沟通者，听说照做是他们适应生活、满足自己需求的一套很好的策略。所以孩子小的时候，家长感觉不到孩子有明显的叛逆，即使有一些叛逆行为，家长也能轻松搞定。

随着年龄的增长、阅历的增长、能力的提高，孩子逐渐变得有能力、有能量了，对事物也有了自己的判断，这时他不再过度依赖父母。同时由于孩子有了一定的能力，对一些事物也有了自己的认识，有了独立的思考，对父母也不再言听计从。在行动上也有了按自己的想法去尝试的欲望和冲动，而很多家长不了解这些，就觉得孩子不听话了，认为孩子逆反了。

孩子有了按自己想法做事的冲动，于是开始尝试，但是因为受能力和经验的限制，很多想法或做法在家长看来并不完美，有的家长为了让孩子少走弯路，有的家长对孩子的尝试缺乏耐心，往往会指手画脚。如果家长不讲方式，孩子会觉得被否定了，按自己想法去尝试的冲动反而会更强烈。这时父母就发现孩子开始不听话了，说孩子逆反了。又因为父母在心中有对孩子逆反的担心，所以不再考虑是否自己有问题，而是把责任推给孩子，归结为孩子的逆反。

如果一定要把这种现象称为"逆反"，我认为逆反可以分为假逆反和真逆反两种。我在辅导时发现，假逆反又有两种情况：一是孩子想按照自己的想法尝试，这时家长错误地解读为孩子逆反。比如，孩子小的时候你总是让他去你家东边的超市买酱油，每次都是孩子拿到钱，去超市把酱油买回来，你觉得孩子很听话。有一天你突然发现孩子拿起钱来朝着西边走去，这时你可能在心里就开始嘀咕："我让你向东，你偏向西，孩子开始不听话了，逆反了。"其实是孩子发现在家的西边也有一家超市，也有酱油，所以孩子想尝试看看可不可以到西边超市也能把酱油买回来。如果家长读懂了孩子，支持孩子的想法和做法，当孩子买回来的时候，如果孩子买到的是你中意的，孩子买对了，就及时肯定孩子的想法和做法，告诉孩子："我让你去东边的超市买，你去了西边的，你开始有自己的判断和想法了，并且勇敢地去尝试，很好！你长大了，我支持你。"这时候孩子会怎么样？会不会为自己的独立思考而高兴？逐渐地，孩子是不是就学会了选择？会不会越来越自信？如果买的不对，家长仍然可以跟孩子说："我让你去东边你却去了西边，很好，你开始有自己的判断和想法了，并且能勇敢地尝试，同时，你看一看，我让你买的是这个牌子，这个牌子的酱油有某某特点，你买的是那个牌子，这两个的差别是……"这样，孩子得到的同样是锻炼和成长。如果按上面方法处理问题，孩子是不会逆反的。但是，如果家长不理解孩子的行为，认为孩子不听话了，当孩子买的不对你的心意时就可能批评孩子"不听老人言吃亏在眼前"，这时孩子会觉得家长不理解他，他也会有一种挫败感，孩子对家长的批评也会反感，由于他长大了，有能量了，真的逆反就有可能发生了。还有一种假逆反就是受社会文化的影响：很多人认为，人到了青春期就会逆反，孩子也接受了这个观点，于是开始尝试挑战权威。我曾经辅导过一个高二学生，他妈妈给我打电话说孩子近段时间非常逆反，希望我能跟孩子谈谈。和孩子见面后我问他："听说你逆反了？"他说："是啊！"我问他发生了什么事？他告诉我说，他们班同学都逆反，所以他也逆反了。

每位家长都希望向孩子这个瓶子里装入自尊、自信，都希望孩子的能力得到提高，然而自尊、自信从何而来？怎么做孩子的能力才能得以提高？如果一个孩子想尝试时不仅得不到家长的支持，还被挑剔、指责和批评，这样的孩子能够发展出自尊和自信来吗？他的能力会有所提升吗？知名企业家严介和先生曾说过，在他们家族中教育孩子的时候，不允许说"三思而后行"，而应该"三行而后思"，所以他的孩子敢于实践、勇于承担。

处于青春期的孩子开始有自己的社交圈子，他们会觉得朋友比父母更重要，之所以这样，是因为朋友更能理解自己。如果我们家长了解到这一点，也能发自内心地尊重、理解、支持、帮助孩子，那么孩子也会和家长做朋友，逆反是不可能发生的。

因此，如果你发现孩子逆反了，你应该高兴，说明孩子长大了，开始有自己的思考和选择了，这些都是我们家长愿意看到的。同时要意识到自己也该学习提高了，再不学习就跟不上孩子成长的脚步了。

此外，随着孩子年龄的增长，家长还要引导孩子有包容之心。前面提到，在孩子小的时候，父母在他们眼中就是神一般的存在，但是随着孩子的成长，父母会从神坛上慢慢跌落下来，逐渐地，他会发现，在他原来非常崇拜的父母身上也有这样和那样的缺点。一开始孩子接受这些是有些困难的，家长要及时引导，告诉孩子，父母也是人，既然是人就不是完美的，有缺点是必然的。同时家长对孩子说，如果你看到我们的不足，就直言不讳地提出来，我们一起研究、一起面对。家长还要告诉孩子，随着他的成长，他的学识和能力迟早会超过父母，希望他能够帮助父母。这样孩子就能正视自己父母身上的不完美，在帮助家长解决困难的同时增强能力、收获价值感。

"逆反"仅仅是表象，它意味着孩子长大了，开始由依赖父母逐渐走向独立。家长要站在孩子身后为他鼓掌加油！

一个让我带着眼泪看完的故事

爸说妈是我气死的,他为了多活几年,只好任我自生自灭了。

爸又给我娶了个小妈,我咋看咋像狐狸精。爸从勾搭人家到娶进门,从没和我商量一句,我也全当没这个人,好多天没理她,吃我的玩我的,看见当没看见,听见当没听见。

那天晚上,说不管我了的爸死皮赖脸检查我的作业,结果给了我两耳光,命令我把所有的错题每道做一百遍,通宵做!做就做,我不信他不睡觉。小妈竟坐在我身边伸头看我的作业,边看边"哇哇"地尖叫,小孩子似的。爸问她叫什么叫,她还叫:"天哪!这是小学作业吗?记得我中学的题也没这么难啊!还有没有天理啊!这不要孩子的命吗?……"爸气得直翻白眼。我偷笑,这小妈挺好玩的!

小妈很烦人,但我越来越喜欢让她烦。爸不在家时,她比我还贪玩,求我帮她搞一搞QQ空间,求我在她日志上写几句话,求我修改一下她"创作"的手机幽默短信,求我帮她给小狗洗澡……她那温柔、诚恳又可怜的样子让我不能不帮,因为我特别喜欢为人师为人老大，很过瘾。特别是她那张嘴巴，没多久就让我觉得自己是个大天才、大能人了，开始趾高气扬地接过她奉上的零花钱，连谢谢也不用说。

只有一点我比较反感。小妈很喜欢看我的作业，虽然全是夸我，但也不是滋味。比如，五道题只有一道打了对勾，她专说那一道题，还习惯性地惊叫："天哪！这么难的题你也能做对？……"我就推她走开别烦我。

奇怪的是，就为了她惊叫多一点，我开始努力地让作业本上的对勾多一些。有一天，我的数学作业六道题全对，小妈看时却没有惊叫，我抬头看她时，发现她在流泪！轮到我惊叫了："你神经病呀你！"她一边害羞走开一边说："对不起，我不小心把自己当亲妈了，我的孩子竟都做对了……这要受多少苦啊！……"我呆了老半天，不知所以。

其实我最大的错是泡网吧。记得，亲妈为拉我出网吧曾当众放声大哭，然后一头撞向游戏机……这一点小妈比较好，她从来不说我。有一次，我半夜悄悄进家，爸扑上来要打我，小妈飞身护我，尖叫："孩子不玩儿谁玩儿？玩儿就玩儿嘛！……"爸仰天长叹："完了！完了！这个家完了！"

那个星期天，我正在网吧激战，小妈竟给我送饭来了！我叫："你怎么知道我在这里？"小妈噘着嘴说："你看看几点了！我找你找了6个网吧！"我看表，下午4点了，我已经玩了7个小时！

小妈第三次把饭送到我玩的机台上时，我站起来，说："妈，我们回家吧！"

小妈大张着嘴愣住了，我拉她走时，她抱住我"哇"地哭了！我又急又羞，拉着她走，她边走边哭，捂着嘴哭。

一进家，爸一脸杀气等着，并不理我，吼小妈："你给玩游戏的混蛋送饭？你想把他送到监狱？你安的什么心？你给我滚！"

我牙关咬响！爸愣了，看小妈，看我。

小妈却不恼，又哭了，哭着扑到爸的怀里，说："你知道吗，孩子叫我妈了，你知道吗？"我不理她，我没想到，我只是不小心叫了声妈竟把小妈感动成这样，这也太……

爸比我还无知，竟又吼小妈："鼓励儿子学坏的妈，没有更好！"

我愤怒了，同时想到了最解气的办法。

我说："妈，你到这边来！"

小妈很听话，离开爸，走到我指的地方。

我给小妈跪下，说："妈，你放心，我以后绝不进网吧，一次也不进，我还要让我的作业全是对勾，我要争全校第一！"

我说罢，狠狠地瞪了爸一眼，站起来进我的屋，用力关上了门。

我听见小妈一个劲儿地说"谢谢你，孩子；谢谢你，孩子……"我哭了。我不仅是为小妈哭，还有亲妈，还有爸——在小妈反复看我作业时我就明白她是"欲擒故纵"，是想让我学好。这么多年，亲妈和爸也同样是想让我学好，我为什么只听小妈的话呢？

……

通常我们会认为，最爱孩子的是亲妈，其次是亲爸，再次是小妈。可为什么只有小妈赢得了孩子，让孩子成长了呢？"爸说妈是我气死的，他为了多活几年，只好任我自生自灭了。""记得，亲妈为拉我出网吧曾当众放声大哭，然后一头撞向游戏机。"或许在当时，本文的作者在亲生父母眼中就是一个问题孩子、极度叛逆。

然而，为什么这样一个"叛逆的""不学好"的孩子会"只听小妈的话"？

从文中，我们不难看到小妈有很多妙招："五道题只有一道打了对勾，她专说那一道题"——看孩子做得好的80%；"求我帮她搞一搞QQ空间，求我在她日志上写几句话，求我修改一下她'创作'的手机幽默短信，求我帮她给小狗洗澡……"——在"求"孩子的过程中，培养孩子的价值感，并借此建立孩子的自尊和自信；"孩子不玩儿谁玩儿？玩儿就玩儿嘛！"——表达对孩子的理解……

"我觉得如果家长足够理解孩子，特别是在老师告状时能够先听孩子解释并站在孩子的立场上考虑一下，孩子是不会再有青春期叛逆的。"一位参加过我的家长班培训的家长说。

如何对待孩子的错误

相信每个家长都希望自己的孩子拥有成长型思维，并愿意为此付出努力。因此，家长在与孩子互动时就要时刻想着"成长"。教育孩子就像导航一样，孩子的成长就是导航中设置的目的地——不论发生什么事情，都指向让孩子得到成长。

NLP认为：凡事发生必有助于我。也就是说，不论发生什么事，一定有一份属于我的价值。

大家都熟悉一句话：在哪里跌倒，就在哪里爬起来。我觉得这句话"不够NLP"，NLP不会教你跌倒了然后傻乎乎地爬起来，NLP讲的是：跌倒了，拣点东西爬起来。

当我们有了这个意识，在跟孩子互动时就有了方向，就不会再害怕孩子犯错误，也不会再为孩子犯错误而焦虑。

来看这样一个案例：一个四年级的小女孩，把妈妈给她买校服的100元钱拿出30元钱还了账，剩下的70元买零食吃了。遇到这种情况你会怎么做？有没有家长会这样想："这还了得，小小的年纪就学会了蒙骗家长，还私自借这么多钱，嘴这么馋，如果这样发展下去，孩子就毁了！"于是"勃然大怒"，狠狠地批评孩子，甚至会打骂孩子。在一次家长培训中，当我提出这个问题时，现场的一个小女孩用低低的声音说："狠狠揍一顿。"可见"揍一顿"是常态。在网上也有类似的报道：一个孩子伙同同学以学校买体育用品为由，从同学妈妈手里骗到180元钱买了玩具。同学的妈妈告到学校，学校老师又找到家长，回家后这个孩子被妈妈暴打了一顿，孩子因内脏出血去世。

如果家长拥有了成长型思维，如果家长能够想到无论发生什么事情都可以让孩子得到成长，当他遇到类似的事情时不仅不会焦虑还会暗自庆幸：还好没有出现更严重的问题，这件事情的发生是提醒我要在某些方面对孩子加强教育，这正是教育孩子使孩子进步的机会，我一定要抓住它让孩子得到成长。如果家长想到这些，接下来会怎么样？想办法，找资源。借机教育孩子如何面对诱惑、如何保护自己、怎样才能做一个淑女……这样，孩子从错误中得到的就是成长，孩子知道了什么该做，什么不该做，更重要的是知道了以后再遇到类似的事情该怎么处理，同时也可以得到更好的亲子关系。

惩罚、打骂更多的是家长在发泄情绪，家长把自己教育失误的责任推给了孩子。而且打骂也只能让孩子知道这样做妈妈（爸爸）会不高兴，是自己不好，但她不知道以后怎么做会更好。再遇到类似情况她会有两种选择：一是为了避免挨打不做了，二是偷偷地做，不让家长知道。同时她也逐渐学会了一种处理问题的方法——打。

《论语·为政》中有一句话，子曰："道之以政，齐之以刑，民免而无耻；道之以德，齐之以礼，有耻且格。"意思是说，用政令来治理百姓，用刑法来整顿他们，老百姓只求能免于犯罪受惩罚，却没有廉耻之心；用道德引导百姓，用礼制去同化他们，百姓不仅会有羞耻之心，而且有归服之心。不同的教育方式会导致不同的教育结果。拥有成长型思维的家长认为，孩子犯错误是必然的，孩子就是在试错中成长的。这样孩子才会正视错误、积极面对错误，在错误中得到成长。拥有固定型思维的家长，害怕孩子犯错误，并极力避免孩子犯错误，当孩子犯错误时会有负面情绪，更有甚者会"恼羞成怒"：恼孩子的错误，羞自己面对孩子教育的无能为力，于是会采用挑剔、威胁、喊叫、苛求、惩罚等手段试图控制孩子，开启了"两败俱伤"的互动模式，这不仅会激起孩子的强烈反抗（他也会以伤害父母的方式应对），而且会让孩子背上沉重的思想包袱，影响他的自尊、自信、让他们对生活失去兴趣。

　　回避错误的人是弱者，正视错误的人是强者，能够从错误中吸取教训、总结经验、反思自我并继续成长的人是智者。

　　对孩子错误的适度的宽容，就是对孩子真正的爱，是大爱。

　　错误是孩子成长的资源，抓住孩子犯错的时机对孩子进行教育，是大智慧。

引导孩子理解和热爱老师

北京一所重点学校校长曾说，凡是家长与学校不配合的，结果都是悲剧！虽然我觉得这么说有点绝对，但是我认为这句话还是很有意义的。

请你想一想，在你上学的时候，有没有讨厌过某个学科的老师？相信大家都有过。当你讨厌这个老师的时候，你这个学科的成绩怎么样？如果你的成绩很好，就无所谓了。如果因为讨厌老师影响了自己的学习成绩，你就成了讨厌老师这件事情中的受害者。

NLP认为，凡事发生必有助于我。家长要引导孩子以积极心态对待学习和生活中遇到的问题，教育孩子永远不要成为受害者。

我曾经辅导过一个初二的学生，物理偏科，辅导的时候孩子告诉我，他讨厌物理老师。

"你讨厌物理老师，你的物理学得怎么样？""成绩不好！"

"你的物理成绩不好，与你讨厌物理老师有没有关系？""有，上课我不爱听他讲课，作业也不愿意做。"

"在这件事情中，你是不是一个受害者？""是。"

"老师要提醒你，永远不要让自己成为受害者。""知道了，可是，我就是讨厌他怎么办？"

"发生了什么事让你觉得他很讨厌？""有一次我没完成家庭作业，他让我在后面站着听了一节课。"

"还有呢？""有一次上课时我在书上画小人，被他抓住了，狠狠地批评了我一顿。"

"还有呢？""有一次上课，我有些不舒服，趴在桌子上，被他批评了一顿。"

"还有呢？""没有了。"

为了消除孩子对老师的怨气，我引导孩子看到老师行为的积极动机。

"如果你是物理老师，你们班有一个学生没有完成家庭作业，你让他在教室后面站着听了一节课，你是为了什么？""为了让他能按时完成作业。"

"如果他能按时完成作业，对他有什么好处？""他的成绩就会提高，可以考上重点高中。"

"那么你的物理老师这么做，为的是什么？""是为我好。"

"你是不是发现老师这么做的出发点是为了让你能取得更好的成绩？只是你不太喜欢老师让你站在后面听课这种处理方式？""是。"

"现在想想物理老师怎么样？""不讨厌了。"

接下来引导他看到这件事带给他的更多的价值。

"听说过马云吗？""听说过。"

"马云有一句名言：'男人的胸怀是被委屈撑大的。'你是不是男人？""是。"

"你的胸怀是不是也要被撑大？""是。"

"被什么撑大？""委屈。"

"谁给你委屈？""物理老师。"

"物理老师怎么样？""物理老师挺好的。"

辅导后，孩子对物理老师的态度改变了，成绩也有了提高。

亲其师，信其道。只有相信老师、亲近老师，才能有更大的收获。

而且，如果家长不引导孩子尊重老师，也很容易让孩子形成一种思维模式——挑剔、抱怨，这种模式不仅体现在讨厌老师上，也会迁移到其他方面。

在这个世界上，最关心孩子成长的、对孩子成长帮助最大的莫过于家长和老师。教会孩子看到老师行为的积极动机，包容老师的缺点和不足，关注老师做得好的80%，告诉孩子热爱老师是一种感恩，是一种美德，是一种智慧。

智慧语录

不是孩子的问题,也不是家长的问题,是我们暂时没有找到办法。

任何行为在当时都是最佳选择。

到目前为止,孩子做了他认为最好的,我接纳他,相信在我的引导下孩子会越来越好!我接纳孩子的一切。

困难和错误能够让人变得更聪明,困难和挫折使人成长。

凡事至少有三种解决办法。

凡事发生必有助于我。

孩子也得了满分,只是比别人晚了半天而已。

作业中的错误也是成果。

别人的成功是我进步的资源。

父母对子女的爱以分离为目的。

价值感是孩子的生命动力之源,价值感越强,孩子的生命动力就越强。

孩子越用越懂事,孩子越用越懂得感恩。

青春期的孩子逆反是教育中最大的谎言!

跌倒了,拣点东西爬起来。

回避错误的人是弱者,正视错误的人是强者,能够从错误中吸取教训、总结经验、反思自我并继续成长的人是智者。

对孩子错误的宽容就是对孩子真正的爱，是大爱。

错误是孩子成长的资源，抓住孩子犯错的时机对孩子进行教育是大智慧。

热爱老师是一种感恩，是一种美德，是一种智慧。

第四章

沟通的智慧

我们一起来做个游戏。请找出一张长方形的纸，然后按我的指令完成以下动作：

对折一次，

再对折一次，

逆时针转过90度，

撕掉右上角，

展开。

看一看展开后是什么形状？

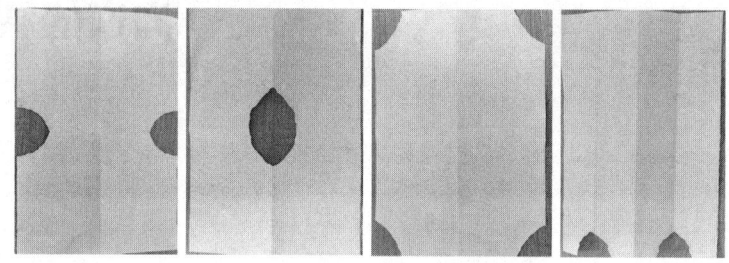

为什么同样的指令，不同的人撕出的形状不同呢？

在沟通中，我们是不是也有同样的困惑：我已经说得很清楚了，他怎么就不理解呢？

有人说，矛盾的99%来自误会。我要说，误会的100%来自无效沟通。

有家长问我，学习家庭教育最重要的是什么？我的回答是沟通技术。

想一想，我们在用什么教育孩子？是不是用你的知识、经验？如果不懂沟通技术，无论你的知识多么渊博，经验多么丰富，都不能有效地传达给孩子，那有什么用呢？因此，只有掌握了沟通技术，你的能力才能成为帮助孩子成长的工具，你的知识、经验、阅历才能成为教育孩子的资源。

亲子沟通中存在的问题

在亲子沟通中通常存在两类问题：一是家长和孩子之间缺乏沟通，二是缺乏沟通技巧。

孩子的抱怨

"我和父母几乎不聊天，他们只关心我的学习成绩，我特烦这个。我妈总认为我考不好是因为我的学习方法没有她的好，非得让我按她的方法背各种课文，连数学都要背。我喜欢足球，可踢足球也得用背课文做交换。我希望和他们聊足球，聊体育，可他们不懂，也不感兴趣，甚至有时还会发脾气，说整天只知道玩，也不讨论讨论学习。所以我也没有兴趣和他们聊天，感觉没什么话好说的。"

就像这个孩子所说的，他没有兴趣和家长聊天，感觉没什么话可说。这种现象是很普遍的，很多孩子回到家，习惯把自己关在房间里，从表面上看，孩子关上的是自己房间的门，实际上他关上的是心门。

期末考试前，妈妈就捧来一大摞书说，"都要期末考试了也不知道复习，是不是想考零分呀！"第二天有个小测验，我得了97分。我很高兴，心想这样妈妈肯定会夸奖我的。可当我颇为得意地告诉妈妈时，妈妈一脸不屑："你也太没上进心了，还错题！人家怎么能考100分！""家长永远只看到我们的缺点，看到别人家孩子的优点。""你考得多好，家长都不满意。家长最爱拿我们跟人家的孩子比。"

从以上案例不难看出，孩子在和家长沟通的过程中有"一肚子苦水"。正是孩子觉得家长不理解他，家长总想把自己的想法或做法强加给他，甚至觉得家长不尊重他，他在和家长沟通时有一种负面感受，所以孩子才不愿意和家长沟通。发生这样的情况源于家长缺乏沟通的技巧。有一次，一位家长给我打电话："范老师，您好！我孩子上小学三年级，这次期中考试数学只考了70分，我该怎样和孩子沟通呢？"很显然，这位家长意识到了沟通的重要性，同时又担心自己把握不好分寸，所以向我求助。我把这个问题发到家长群里，很多家长也不知道怎么跟孩子沟通更好，这个小小的问题，难住了很多家长。

家长的抱怨

我们再来看家长的抱怨——当老师的妈妈成了她最大的痛苦。

刘颖是某县一中的老师，她的女儿琪琪也在本校就读，在琪琪高三那年，刘颖为了使孩子能得到更多的照顾，依次拜访了各科老师，老师们也很"给面儿"，上课时经常提问孩子，孩子的成绩也有所提升，刘颖对此很满意。

一次，刘颖在和孩子老姨闲聊时，孩子老姨的一句话让她当时就懵了：孩子说她最大的痛苦就是有一个在一中当老师的妈妈。

听了这话，刘颖很委屈，"为了她，我操心费力不说，还要舍下面子求老师们关照，她不仅不领情，我还成了她最大的痛苦？！"

从这个案例不难看出，由于缺乏沟通，孩子要每天面对各个学科老师带来的巨大压力，而妈妈的辛苦付出也成了孩子最大的"灾难"。

还记得前文我提到的那幅父母把心掏出来给孩子，孩子用一张面目狰狞的盾牌挡住父母抛来的爱心的漫画吗？无效沟通带给人的往往是无奈和痛苦。如果家长不善于和孩子沟通，在孩子遇到困难时感受不到家长的理解和支持，在孩子头脑中极易产生"无望、无助、无价值"的限制性信念，出现心理问题甚至抑郁。在有关孩子抑郁的咨询中，我除了要帮助孩子打破限制性信念之外，还会要求家长学习沟通技术，因为只有家长掌握了这些技术，才能更好地支持孩子。

我讨厌数学老师

2017年，我在北京新学道晋中书院为家长做培训时，一位家长在学习沟通技术后，分享了他和儿子沟通的故事。

她每天都要在孩子放学后接孩子回家，在半路上经常会问孩子在学校开心不开心，得到的回答往往是不开心，她听了就很生气，心想我花了这么多钱，让你上了这么好的学校，你还不开心？每次娘儿俩都会因这个问题闹得不欢而散。孩子妈妈学了沟通技术后，一次接孩子放学，又问起了这个问题，孩子的回答仍然是不开心。这时家长想到了运用刚学的沟通技术，为了不被自己的判断所干扰，她先清空自己的大脑，然后问孩子："发生了什么事，让你觉得不开心？"孩子说他讨厌数学老师。妈妈问："发生了什么事，让你讨厌数学老师？"孩子说："我数学考了0分。"听孩子说数学考了零分，妈妈没有生气，继续问孩子，"你们考的什么题？"孩子就把考题给他妈妈看，他妈妈又问："你是怎么做的？"孩子又把自己的做法讲给妈妈听。孩子的妈妈听后发现，原来是孩子把做题的规则理解错了，本该是加法孩子都理解成了减法，在这种情况下不得0分才是不正常的。于是孩子妈妈把正确的规则讲给孩子听，孩子明白以后，妈妈给孩子出了一道题，孩子一做就对了，又出了一道又做对了。妈妈对孩子说，你已经学会了，我们吃晚饭吧，孩子说不行，你还要给我出题……在分享时，孩子妈妈一脸兴奋，她对这次沟通很满意。

增强沟通意识、学习沟通技术是有效帮助孩子的开始。

沟通的障碍

沟通的障碍主要来自三个方面：一是每个人都有自己的心灵地图，二是语言的模糊性，三是负面情绪的影响。

每个人都有自己的心灵地图

NLP有一条著名的假设：每个人都有自己的心灵地图。也就是说对同一事物，每个人都按自己的心灵地图作出反应，不同的人反应是不同的。比如我说："我在路上看到了一条狗。"看到这句话，我相信在你的脑子里也一定出现了一条狗，这条狗可能是冲着你狂吠的野狗，也可能是你家里养的宠物狗。很显然，同一句话，在不同人的大脑里呈现出来的画面是不同的，带给人的感受也是不同的。同样，即使不同的人看到同一条狗，反应也不相同，怕狗的人见到了会很恐惧，离得远远的。喜欢狗的人呢？饭店里专门杀狗的人呢？因此，即使是同一件事，由于心灵地图不同，不同的人对事件会有不同的理解，不同的感受。

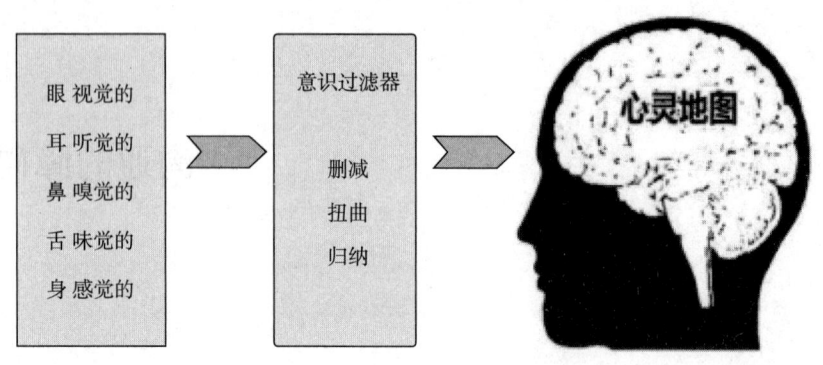

NLP认为，我们通过眼（视觉）、耳（听觉）、鼻（嗅觉）、舌（味觉）、身（感觉）来接受外界信息，然而并非所有信息都原封不动地进入人的意识，而是要经过意识过滤器对这些信息进行删减、扭曲、归纳等处理，形成心灵地图。意识过滤器又与人的信念、价值观等有关，不同的人的意识过滤器不同，所以每个人都有自己的心灵地图。

有一个童话故事：

在一个小池塘里住着鱼和青蛙，它们俩是好朋友。大家都知道，青蛙是两栖动物，可以上岸，而鱼是上不了岸的。有一天，青蛙回到池塘，嘴里还哼着小曲"外面的世界很精彩"，鱼很好奇，问青蛙在岸上看到了什么？

青蛙说："我看到了一头大奶牛。"鱼问："奶牛长什么样子？"青蛙说："它的身体很大，头上长着两只弯弯的犄角，吃青草为生，身上有着黑白相间的花纹，长着四条粗壮的腿。"

大家都知道，鱼没见过牛，在它的脑子里面只有鱼，鱼听着听着，逐渐地在它的脑海里，出现了"鱼牛"的形象：鱼的身上长着两只弯弯的犄角，鱼的身上长着四条粗壮的腿，鱼的身上有着黑白相间的花纹，鱼的嘴里叼着草。

我在网上看过一则笑话，说一个人在楼下买水，发现老板在打孩子，就说不要打了，先拿瓶水给他。那老板说，这个龟儿子不晓得啥时候把老子的财神爷换成了奥特曼摆在这里，老子拜了几天才发现是奥特曼。

这些误会或笑话的产生源于每个人都有自己的心灵地图，老板敬的是财神，希望通过拜财神拥有更多的财富，孩子敬的是奥特曼，希望拥有奥特曼那样的超能力。

想一想，接受了"每个人都有自己的心灵地图"这条假设，对我们有什么帮助呢？

对某一事件，当别人与我们的看法相左时，是不是更容易接受对方了？当你为孩子讲解某道数学题，孩子没听懂时或者理解的和你想象的不一样时，是不是更容易接受了？当你想到孩子的心灵地图和自己的不一样的时候，会不会像前面我讲的数学考零分的家长那样主动去了解孩子的心灵地图？是不是更能尊重别人的个性？

我是对的

在NLP中，把"我是对的"称为沟通杀手。当双方执着于"我是对的"的时候，往往会产生沟通障碍。

因为每个人都有自己的心灵地图，所以每个人心中的对错标准也是不一样的，你认为正确的，在别人看来未必正确。就像有些人喜欢吃辣椒，有些人讨厌吃辣椒一样。因此，对错在沟通中并不是我们想象的那么有意义。

一旦沟通的一方认为自己是对的，往往会"理直气壮"，甚至和对方"据理力争"，这势必会影响沟通的氛围，进而影响沟通的效果。

大家想一想，吵架时的双方是不是都认为自己是对的？同时也在努力证明自己是对的，别人是错的？

家不是一个讲理的地方

我看到过一篇饱含父母浓浓爱意的文章,题目是《家不是一个讲理的地方》。

萍儿:

爸妈听到你要结婚的喜讯,真为你高兴,远隔千里,我们不能参加你的婚礼,不能在婚礼上献上我们的家长致辞,这是我们内心的一点遗憾。但你是我们的女儿,相信你能理解爸妈的感受。那天放下电话,我和你妈沉默了良久——我们的孩子怎么一下子就长大了?你妈提醒我:还是给女儿写一封信吧!就算是我们送你的一份新婚礼物。

萍儿,我们只是天底下最平凡的父母,我们的孩子也只是天底下最平凡的女儿。我们不奢求太多,只是希望我们的孩子踏上婚姻之路,走向人生之旅后,能满怀感恩,一路平安。在这里,给你一个我们的生活体会。先要告诉你:家不是一个讲理的地方。这句话听起来很没有道理,但千真万确,这句话是真理,是至理。是多少夫妇,多少家庭(包括我们家),用多少岁月,多少辛酸,多少爱恨,多少是非,多少对错,在纠缠不清、难解难分的混乱中,梳理出来的一个最后结论。当夫妇之间开始据理力争时,家里便开始笼罩上阴影,俩人都会不自觉地各抱一堆面目全非的歪理,敌视对方,伤害对方,最后只能两败俱伤,难以收拾。多少夫妻,为了表面的一个"理",落得负心无情。他们不知道,家不是讲理的地方,不是算账的地方。那么,何为"家"?家是什么地方?萍儿,我们年轻的时候,也回答不了这个问题。也像许多夫妻那样,为一点小事争闹不休。那一年为了你小叔的调动问题,我和你妈大吵了一场,甚至闹到要离婚的地步,只是在那个时代我们还缺乏勇气。直到有一天,一位老战友在他孩子的婚礼上说"希望你们白头偕老,相爱永远"时,这简短的话,像春雷响在我心里。是的,家不是讲理的地方,家应该是讲爱的地方!爱一时很容易,爱一生一世却不容易,这里面有许多妙处需要我们去总结和体会。

……

主持人马丁在演讲中也提到"家庭不是法庭,要多讲情,少讲理"。

曾经听过一个故事:一个楼层的两户住着两对小夫妻,东边一家争吵不断,时常发生家庭战争。而西边一家和和睦睦,相敬如宾。这让东家小夫妻非常羡慕,俩人商定去西家一探究竟,就到西家去串门,正巧发生了一件事:西家妻子打扫卫生时把一个贵重的花瓶放在了桌边,被经过的丈夫碰到地上摔碎了,小两口都觉得非常可惜。这时妻子连忙说:"都怪我,如果不是我把花瓶放到桌边上,你就不会碰掉。"丈夫说:"这怎么能怪你呢?如果我走路看着点也不至于碰到地上。"随后小两口一起把打碎的花瓶收拾干净。东家小夫妻回到家后谈起这件事,丈夫说,如果这件事发生在咱们家里，我一定会说："都怪你，要不是你把花瓶放在桌边，我怎么会碰掉呢？"妻子也说，我也一定会怪你走路没长眼睛……

对同一件事，之所以两对夫妻处理的方式不同，与他们的价值排序有关。西家夫妻把爱排在了第一位，东家夫妻把谁有理排在了第一位。

因此，放下"我是对的"，多理解对方，沟通就会更顺畅，家庭也会更幸福！

有效果比有道理更重要，NLP更关注效果。

我都是为你好

我要介绍的第二个沟通杀手是"我都是为你好"，这句充满"爱意"的表达，让孩子的心离父母越来越远。

曾有个孩子说："我最不愿听的就是爸妈说这句话，它总是让我觉得欠父母的，有一种自责感，这让我窒息！"

而父母也很委屈，他们说："我都是为你好，这样有错吗？"

一句让沟通双方都感觉委屈的话，一定是有问题的。

为什么会这样？从NLP角度怎样解释这种现象呢？

首先，"每个人都有自己的心灵地图"，所以你认为的好和孩子心中的好未必一致。这里的好，很可能是一个美丽的误会。

有一个流行的段子《有一种冷，叫妈妈觉得你冷》：早晨送孩子上学，看到一群小学生，有穿长袖的，有穿薄秋装的，还有穿短袖的。其中有一个小姑娘鹤立鸡群，竟然穿的是羽绒服。有个小男孩问她为什么，只见她仰望天空，幽幽地说："有一种冷，叫妈妈觉得你冷。"

其次，NLP认为，有效果比有道理更重要，"我都是为你好"只是行为的积极动机。前面我们提到，看一个行为不能只看动机，就像小偷偷东西也有积极动机一样，重点还要看行为的结果。你认为是为孩子好，但如果你的行为引起了孩子的反感，就是一种不当行为。

当家长认为"我都是为你好"的时候，会觉得自己更有理，"理直则气壮"，更觉得自己是站在了道德的制高点，也为自己能控制孩子找到了心理支撑，态度上或行为上也会更强硬，这样更容易引起对方的反感，沟通效果也会更差。

不可否认，有些听话的"好孩子"确实认同父母是对他好，也很享受这种好，他们享受父母在生活上的照顾和在学习中的安排，自己索性不再操心，他们不需要思考，只要听话照做就能赢得父母的欢心。孩子小的时候，这么做是没有问题的，也节省沟通成本，在父母的安排下孩子也能取得更大的进步。然而，当他到了一定年龄，比如高中或大学阶段，有可能会突然发现自己是在为父母活着，他找不到自己人生的方向。曾经有一位家长发微信咨询，说他的孩子在某重点中学上高一，成绩还不错。孩子突然给妈妈打电话，要妈妈去学校接他，说不想上学了。孩子的父亲问起原因，孩子说，从小到大他都是在为别人活着，是为了父母和老师的笑容活着，他一直生活在虚伪的世界……

这就是徐凯文教授所说的"空心病"，父母的控制，是孩子患"空心病"的主要原因。

"我都是为你好"，通常有两种句式：

第一个句式是：我都是为你好，所以你应该（按我说的去做）……在这里，"我都是为你好"是为了控制，而人们对控制都会有一种本能的反抗。

第二个句式是：我都是为你好，但是你（辜负了我对你的期望）……在这里，"我都是为你好"表达的是一种失望，让孩子产生一种愧疚感。同时家长也会觉得很委屈、很受伤。

无论是哪种句式，"我都是为你好"，都把对方放在了一个"错误"的或者较低的位置，让对方有一种被否定的感觉。

主持人寇乃馨在她的演讲《我都是为你好》中，讲述了"我都是为你好"带给她和爱人的伤害。

她讲述和黄国伦在生活中的冲突时说，她身为他的老婆、经纪人、助理甚至是女佣，有时候还得当他妈。她认为自己有权利，也有责任，是必须常常督促他去做一些她认为他该做的事。每一次当她非常用心地掏心挖肺地请他做一些事情的时候，通常她得到的绝对不会是他眼眶含泪，非常感动地跟她讲"老婆，谢谢你"，而是黄国伦一定会拉下脸来，然后非常不耐烦地对她说："你为什么永远都要勉强我？你为什么老是要找我麻烦？"在演讲中她说，有一次她真的气坏了，一边哭一边吼着跟他讲："黄国伦，你到底有没有良心，你知不知道我有多爱你，我所有事情都是为了你。拜托好不好，那是为了你的梦想，不是我的梦想，你知道我寇乃馨一片丹心可昭日月。"然后他的回答让她一下就蒙了："你如果真的要为我好，我告诉你，不要用这个态度对我说话，不要命令我……"

可见，**只讲动机不讲效果的"我都是为你好"带给双方的都是伤害。**

语言的模糊性

大家还记得前面我们做的折纸游戏吧,如果没有看到那么多结果,相信发布指令的人会觉得已经讲清楚了。这就说明我们的语言有模糊性,由于删减、扭曲、归纳,使得我们想要表达的与说出来的有了很大差别,这也是影响沟通的一个重要因素。

前面我们提到,每个人都有自己的心灵地图,而在沟通时人们往往会用自己的心灵地图对事物作出回应。

大脑还有一个特性,就是会自动填充一些空白信息点。比如,当孩子说讨厌数学老师的时候,有些人会直观地认为孩子不懂事,有些人会觉得一定是老师不好,大脑的这一特性直接影响沟通效果。

如果我们能意识到这一点,在沟通时就要主动清空大脑,通过提问来了解对方的心灵地图。

孩子:我讨厌数学老师。

妈妈:发生了什么事让你讨厌数学老师?

孩子:我数学考了0分。

妈妈:老师出了什么题,你考了0分?

……

老师：取出一张长方形的纸，对折一次。

学生：怎么放置？是长边对准自己还是短边对准自己？

老师：把长边对准自己。

学生：是把长边对折还是把短边对折？

老师：把长边重叠在一起。

……

下切、上推和平行

当我们了解了语言的模糊性，在与孩子沟通时，我们就可以有意识地通过下切技术，了解被孩子删减、扭曲和归纳的信息。

我曾经辅导过一个高三的男生，因成绩不好，自觉考大学无望，留下一份"遗书"想自杀，当时的年级主任把这个学生带到了我的办公室。我问他："你希望高考考多少分？"这个学生说，他爸爸说了，能考二百多分就可以帮他找一所学校。

师：你觉得你能考二百多分吗？

生：不能，我啥也听不懂。

师：不对吧？我看你写的这些文字（遗书）还不错，语文能考90分吧？

生：能。可是我数学听不懂，作业也不会做。

师：数学听不懂是吧，听不懂就不听，记着以后数学课不许听讲，数学作业也不能做。

生：那怎么行？如果数学课不听讲，下课不做作业，我的数学就更不行了。

师：一般情况下，你数学考多少分？

生：30多分。

师：在这30多分里还有10多分是蒙对的吧？

生：是。

师：以前你上课听了，作业做了，不还是这个水平吗？听和不听有区别吗？表面上是听，听还是没听你心里清楚。这样的听不仅没有效果，时间还白白浪费了。

生：是。

师：还有哪科听不懂？

生：英语。

师：记着，上英语课不许听讲，不许做英语作业。在高考中，英语选择题就一百多分，即使啥都不会也能蒙三五十分。

师：历史怎么样？上课能听懂吗？

生：能。

师：在历史课上认真听讲，课下多下功夫，你的历史成绩可不可以提高？

生：能。

师：地理呢？政治呢？

生：都能听，也能有进步。

师：那我们看一看，语文可以拿90多分，还可以继续听，可以有进步。数学能拿30多分，英语能拿50多分，这些合在一起就是一百七八十分，文综也能拿100多分吧，要考二百多分你觉得怎么样？

生：能。想到数学、英语可以不学了，其他科还可以有进步，我心里敞亮多了。

辅导后，孩子不再说跳楼了，回到家主动让他爸爸找地理老师补课，这是以前从来没有过的事，把他爸爸高兴坏了。他还把补课老师给他的资料复印后贴在后黑板上与大家分享，和同学之间的关系也好了，高考考了二百八十多分。毕业后，这个学生跟我说，他在丰南一中上了四年（高一留级一年），我辅导后的那段时间是他最快乐的时光。

在辅导中，我用到的就是下切技术。

学习不好——哪些科目不好——这个科目的哪部分不好……

"我不喜欢数学。"

是不喜欢上课，还是不喜欢写作业？不喜欢数学的哪一部分？

"这道题我做错了，得了0分。"

这道题的哪部分做错了，哪部分做对了？即使当时做错了，你是不是也思考了？改过来后印象是不是更深了？

下切是帮助孩子看到进步，给予孩子积极的正向反馈的很好的方法。

与下切技术相对应的有上推，上推有助于达成共识。

2015年，一位高三学生家长找到校长，说有同学欺负他女儿，他女儿说经常有人说她、骂她。家长着急，向老师、主任反映情况，经老师、主任核实，没有人欺负他女儿，推断孩子因心理问题出现了幻听。家长不愿意接受自己孩子心理有问题这种说法，双方各执一词。主管校长建议和家长一起找学生了解情况，但家长说，现在的孩子都很精明，不可能承认欺负他孩子。这样，双方陷入僵持状态，谁都说服不了对方。我在一旁听了几句，又和主管校长了解了情况，随后把家长叫到另一间屋子，开始沟通：

1. 先跟后带：孩子遇到这个情况，你很着急（点头）。你和老师的意见有相同之处也有分歧，相同的是老师和你都是为了孩子好

（积极动机），希望孩子顺利通过最后几十天的学习，高考取得好成绩。家长点头表示认同（上推达成共识）。同时，你们也有一些分歧，分歧就在于你说的孩子受欺负的事，老师并没有查实。

2. 结果框架：想一想，你此次到校希望达到的目的是什么？是不是为了保证孩子在校的安全？（是的）这件事已经引起了老师的重视，我也嘱咐年级主任密切注意这件事，保证不会出现别的学生欺负孩子的情况，这样，你是不是就可以放心了？（能放心）同时，你想一下，老师提醒你说孩子可能有幻听，是不是为了让家长重视起来，防患于未然？（是的）既然这样，学校和家长就能形成合力，共同帮孩子渡过难关。

3. 我画了两个圈，一个圈表示家长对这事的看法，另一个圈表示学校对这事的看法，两个圈的交集是共同心愿（上推）：希望孩子顺顺利利度过今后的四十多天，高考取得好成绩。不相交的部分是彼此不同的看法，建议家长把圈扩大，以开放的心态思考一下老师的建议，家长表示同意。

为了避免让家长再次陷入以前的负面情绪中，在沟通中我没怎么让他讲话，因为，即使他讲也是那一套。因急着出差赶火车，沟通只进行了十几分钟，家长连连表示感谢。

平行也是沟通中常用的技术，平行可以引导对方看到更多的可能性，有更多选择。

"这种饮料是'三无'产品，喝了不安全，咱们喝酸奶怎么样？"饮料和酸奶是平行关系。

"除了和他发脾气，你还可以怎么办？"

"遇到难题，除了放弃还可以做什么？"

上推达共识，下切辨细节，平行多选择。

情绪对沟通的影响

在面授课中，通常我会问："爱吃橘子的请举手。"几乎所有人都举起了手，接下来我会问："喜欢带着皮吃橘子的请举手。"这时，没有一个人会举手。是的，如果没有特殊嗜好的话，估计没有谁会带皮吃橘子。然而，很多家长在和孩子沟通时，却不讲究说话的方式，不知道需要先建立亲和感（剥去橘子皮），一上来就开始说教，自认为都是为了孩子好。这就好比拿着带皮的橘子让孩子吃，即使家长讲得头头是道，孩子就是不听。

大家都熟悉一句话，"良药苦口，忠言逆耳"，这句话有道理，但已经是过时的皇历了。如果你留心，会发现现在很少有药是苦的，为了能让人们接受，制药厂会在苦药的外面裹上一层糖衣。同样，良言也可以不逆耳，把良言说得让别人愿意听才是智慧，说什么与怎么说同样重要。

有没有这种情况，当家长和孩子沟通时，孩子貌似在认真听，"是是是，对对对"，但是家长明显能感觉到在孩子和自己之间立有一道无形的屏障。在这种情况下，沟通效果难免差强人意。

在NLP中，沟通的第一步就是建立亲和感，以此来消除孩子与家长之间的情绪屏障。

倾听的技术

认真倾听是建立亲和感的有效工具。善于倾听的人，不仅会不断激发对方讲话的热情，而且能获得更多的信息。

1. 面带微笑地看着对方。

2. 适时给予回应：嗯……是的……原来如此……你是说……

这个技术很简单，类似于对口相声中的捧哏。然而就是这样简单的技术，却能激发对方继续说下去的欲望。

在课程中我通常会安排一个练习，两个人一组，A对B讲一件事，B先认真倾听，听几句后眼睛移到其他地方，A继续说，练习结束后A说出自己的感受。

"他看着我时我很想说，他扭头后，我就不想说了，觉得他不尊重我。"

"他看着我时我很想说，他扭头后，我就不想说了，觉得他不愿意听了。"

"他看着我时我很想说，他扭头后，我的大脑一片空白。"

第五节课下课后，有一个学生一直在楼道徘徊，好像有话要和我说，又不知怎么说。我决定试试倾听这个"敲门砖"，看有什么结果。于是我问："有什么事情要谈谈吗？"一开始她有点结结巴巴，不知从哪儿说起，我则不断地用"哦""啊""继续"回应她。最终她敞开心扉，滔滔不绝地说了十多分钟。我没想到她承受着这么大的心理压力。那短短十分钟的倾听似乎让她轻松了不少，我觉得我和孩子的心一下子就拉近了。聊天结束时她紧紧抓住我的手连声说"谢谢老师"。这十多分钟我只是听她说，没想到能带给她这么大的帮助。

这是一位小学老师同时也是家长运用倾听技术和孩子沟通后的记录。

先跟后带

先跟后带是NLP沟通中最核心的技术。掌握了先跟后带，再去看一些沟通的书籍如《非暴力沟通》等，就很容易看清其本质。

跟

跟是很好地表达对对方的理解，建立亲和感的技术。

跟，通常有这样几种情形：跟语言（情景）、跟情绪、跟动机、跟需求。

跟语言（情景）

跟语言是最简单的，只需要重述对方的语言或把对方的意思用你自己的语言复述出来，这个简单的小技巧就可以增进你和对方的亲和感。

孩子：这次考试不小心算错了几道题，只考了70分。

家长：你是说"这次考试不小心算错了几道题，只考了70分"，是吧？

家长：你是说"这次考试不小心算错了几道题"，是吧？

家长：你是说"这次考试马虎了"，是吧？

当家长跟了孩子的语言后，他会觉得你在认真听，你听懂了他的意思，他就有了继续和你进行沟通的意愿。

跟情景，就是把你观察到的用语言描绘出来。《非暴力沟通》中的"不带评论的观察"即是"跟情景"。

这道题你反复算了3遍是吧？

你看书看得很投入？

当对方说"是"或点头表示肯定时，"跟"就有效了。

跟情绪

把你观察到的对方的情绪表述出来。

孩子：这次考试不小心算错了几道题，只考了70分。

家长：这次考试考了70分，你觉得很遗憾是吧？

家长：这次你不小心算错了几道题，只考了70分，有些难过是吧？

家长：快期末考试了，你有些着急是吧？

再比如，同学抢了孩子的东西。

家长：他抢了你的东西，你很生气是吧？

家长：他抢了你的东西，你很害怕是吧？

小测验，孩子得了97分很高兴。

家长：这次你考了97分，你很高兴是吧？

在樊登老师讲沟通的时候曾提到过《掌控谈话》这本书，书中提到一名反恐大师，在和犯罪分子进行沟通时常常会用到一个技巧——标注出对方的情感。"我知道此刻你可能有点生气，因为你看到警察的车已经把你包围了，你觉得很恐惧是吗？"听了这些话，绑匪的状态就开始软化了，就开始觉得这个警察还挺好，这个警察还挺值得信任的，后来慢慢和他们达成一致……在这个例子中，反恐大师用的就是"跟情景"和"跟情绪"。

跟动机

安徽卫视有一档节目《超级演说家》，年仅13岁的被称为演讲帝的杨心龙在《我们喜欢什么样的父母》中提到，孩子喜欢懂他们的父母，孩子喜欢会沟通的父母。

如何读懂孩子

NLP认为，任何行为背后都有积极动机。

找到孩子行为的积极动机，是读懂孩子的前提。

我们来看一个案例：

第四节是语文课，全班语文第二单元生词过关！同学们认真地写着，我在讲台上看作业！突然一个声音传来："老师，小明抄书！"

"是啊！"我顺着声音的方向看去，真的发现一个男孩鬼鬼祟祟，身体很不自然地贴近桌斗，很显然在掩饰着什么！

男孩抬起头，正好与我的目光相遇，弱弱地说："老师，我没抄书！"我微笑地看着他说："是啊！你过来，我们聊聊。"正在这时，下课铃声响了！每行最后的同学开始收测验纸！男孩走到我面前。

我看着他的眼睛，轻声说："说说吧，什么情况？我想听听你是怎么想的。"

他眨着小眼睛，满眼泪水地对我说："老师，我特别喜欢你！我特别想考100分，给你惊喜！"

案例中"我特别想考100分，给你惊喜！"就是孩子作弊的积极动机。当然，有些家长也可能会想，案例中的小男孩是一种极特殊的情况，大多数孩子作弊是为了得高分避免挨批评。是的，"得高分避免挨批评"就是这些孩子行为的积极动机。

需要注意的是，这里所说的积极动机是对当事者本人来说的，而不是我们传统意义上的对和错。

换位思考

怎样找到行为的积极动机呢？最简单的方法就是"换位思考"，如果你是当事者，做了这件事，你是为了什么？这是换位思考的语言模式。

让我们来看一个极端的例子：找一找小偷偷东西这个行为的积极动机。

要找到偷东西的积极动机，需要"换位思考"。如果你是小偷，你冒着"生命危险"去偷东西，你是为了什么？当你把身份放在了对方的位置，就容易体会到行为的积极动机了。

或许是为了让自己生活得更好，或许是想让家人生活得更好，或许为了救急，或许是为了用少的付出得到更多的回报……这样，积极动机就找出来了。

看到这里，有些家长可能就不满意了，像偷东西这种违法行为，被你这么一说好像变得合理了。如果你有这种感觉就对了，说明我们分析积极动机的方法确实是有效的——连偷东西的行为都能被你理解，何况孩子的行为呢？当然，我必须再次强调，认同对方的积极动机并不等于认同对方的行为。我们看行为，不能只看动机，还需要看行为的结果。

找动机

孩子玩游戏的积极动机：假如你是这个孩子，你在父母和老师强大的压力下仍然沉迷于游戏，你是为了什么？你是不是觉得游戏很有趣（不是最主要的原因，如果只是有趣的话，孩子往往不会沉迷）？是不是在玩游戏时你觉得很放松？是不是游戏会带给你成就感（重要原因）？是不是为了在同伴中有炫耀的资本（重要原因）？是不是有意识地跟父母作对（当亲子关系非常恶劣的时候，就有可能发生这种情况）？

觉得有趣，放松，有成就感、价值感，能在游戏中找到自尊，想融入某个群体，有意识地跟父母作对……可能是孩子玩游戏的积极动机。

作业拖拉的积极动机：请你思考，假如你是孩子，你也知道早点做完作业可能更轻松，但是为什么要磨蹭到十一二点？是不是为了避免家长留附加作业——有的家长看不得孩子玩，一看孩子作业做完了，就再给孩子留点附加作业。"我要让你看到，我连老师留的都做不完，你总不能再给我留附加作业了吧！"是不是有些孩子觉得作业难，所以边玩边做？这是调整的一种方式。避免家长再留新的作业；作业难，让自己轻松些；既能完成作业又能玩，可能是孩子作业拖拉的积极动机。

打架的积极动机：维护自己的权威、权益、尊严……

请体会一下，对于一个行为，当看到对方的积极动机时，自己的感觉有什么变化？负面情绪是不是降低了？是不是也更理解对方的行为了？对行为的认识是不是更深刻了？理解不是说说而已，理解也伴随着一种感觉。

卡耐基曾经说过："不要去指责别人，试着站在别人的角度上去思考问题，了解他们的想法。同批评、指责相比，这么做更有意义，也更有趣，还能让人心怀怜悯与感恩。"

行为分析策略

NLP行为分析策略：先看积极动机，再看行为的结果。

对于行为的结果，NLP提倡三赢，即"我好，你好，大家好"。如果一个人行为的结果满足三赢，就是人们通常提到的"好行为"或"对的行为"，否则就是"错的行为"。

"偷东西"看似小偷赢了，被偷的一方会想方设法抓到小偷，自己力所不及的时候还会动用警察，并且败坏了社会风气，因此，这是错误的行为。

孩子沉迷于游戏，其结果可能是耽误了时间，对健康不利，还造成亲子关系紧张。

看到孩子行为的积极动机，一方面调整了家长自己的心态，同时也找到了沟通的切入点。

沟通时，可以在肯定对方积极动机的前提下，和对方一起分析行为的结果是否有效、是否达到了"三赢"，这样可以让对方有更多的察觉，沟通也会更有效。

你在玩游戏的时候觉得很有成就感是吧？（限）成就感可以带给一个人动力，同时（这里不要用"但是"），如果玩游戏的时间太长就会影响到你做其他事情，学习可能也会受到影响，学习上的成就感也就越小……如果这样跟孩子沟通，或许比粗暴地没收手机、摔孩子的手机要好得多。

在沟通时把对方行为的积极动机说出来，对方听到后就会觉得你理解他。

还是以小偷偷东西为例，当你抓住了小偷，如果说："我知道你冒着生命危险去偷东西是为了你们家人过得更好……"小偷听了这句话会怎么样？

孩子和别人打架了，在和孩子沟通时，如果你说："你打他是为了维护你自己的权威（权益、尊严……）是吧？"孩子听了以后会不会觉得你很理解他？

我再次强调，认可对方行为的积极动机，并非认可这个人的行为，"跟"的目的是建立亲和感，是为了更好地"带"。

跟需求

抱怨背后隐藏着需求。

通常家长不愿意听到孩子的抱怨，当孩子抱怨时往往会有一种负面情绪，这种负面情绪也直接影响着沟通效果。如果我们能够从抱怨中读出孩子的需求，在沟通时先跟孩子的需求，就会起到很好的沟通效果。

期末考试前，妈妈就开始唠叨："都要期末考试了也不知道复习，是不是想考零分呀？！"（妈妈的抱怨，背后的需求是希望孩子认真复习）第二天有个小测验，我得了97分，很高兴，心想这样妈妈肯定会夸奖我的。可当我颇为得意地告诉妈妈时，妈妈一脸不屑："你也太没上进心了，还错题！人家怎么能考100分！"（妈妈的抱怨，希望孩子全对得满分）"家长永远只看到我们的缺点，看到别人家孩子的优点。"（孩子的抱怨，希望父母也能看到他的优

点)"你考得多好,家长都不满意。家长最爱拿我们跟人家的孩子比。"(孩子的抱怨,希望家长能看到自己的进步并给予鼓励)

家长:都要期末考试了也不知道复习,是不是想考零分呀?!
孩子:您是希望我能认真复习,期末取得更好成绩是吧?
家长:你也太没上进心了,还错题!人家怎么能考100分!
孩子:您是希望我得满分是吧?
孩子:你们永远只看到我们的缺点,看到别人家孩子的优点。
家长:你是希望我们能看到你的优点是吧?
孩子:我考得多好,你都不满意。最爱拿我们跟人家的孩子比。
家长:你是希望我能看到你的进步是吧?

如果我们能从对方的抱怨中读到他的需求,不仅可以平复自己的情绪,而且可以通过跟需求与对方建立亲和感。

2021年6月,有一位家长打电话,说上初一的儿子最近常常抱怨,总说活着没意思。自己很着急,担心孩子心理有问题。我对家长说,"太好了,这恰恰是你引导孩子、让孩子成长的机会。"

见面后,这个孩子不愿意跟我聊。我就跟孩子的父母聊,他坐在一边。我知道,虽然孩子表面不理我们,但是他会竖起耳朵来听我们谈话的内容。我对孩子的父母说,"孩子说自己活着没意思,是他在找人生的意义。只是到目前为止,他还没有找到而已。这说明你的孩子长大了,开始独立思考了。他希望自己的人生更有价值,只是由于他知识、阅历、能力的限制,暂时还没有找到而已。现在他最需要的就是父母的理解、支持和帮助。""从孩子的角度来说,他开始主动寻找生命的意义,目前他需要做的就是努力学习,多接触社会,提高自己的能力。这样,总有一天他会找到自己人生的价值,让自己的人生更有意义。"

接下来我又跟孩子的父母谈了如何在家庭中让孩子感受到自己是重要的、是有价值的，如何培养孩子的价值感。

第二天孩子的父亲反馈说，回去后感觉孩子有变化了，孩子开始帮助他们做家务了，也感觉孩子更能理解他们了。

NLP中的"跟"是表达理解的重要工具。

案例

《T.E.T父母效能训练》中讲到这样一个案例：

安东尼：马蒂尔今天不和我一起玩。不论我做什么，他都说不想做。

妈妈：嗯，你为什么不提议一起去做他想做的事情呢？你必须学会和朋友相处。

安东尼：我不想做他希望做的事，此外，我不想跟他一起玩！

妈妈：嗯，如果你还这么任性，就去找别的人玩吧。

安东尼：他才是任性的孩子，我不是！而且没有其他人可以跟我一起玩。

妈妈：你感到难过其实只是因为你累了，明天你就会感觉好一点。

安东尼：我不累，明天我也不会感觉好一点的！你不明白我有多恨他！

妈妈：不许说这样的话！如果我再听到你这样说你的朋友，你会后悔的……

安东尼（生着闷气走开）：我恨这个地方，真希望我们能搬走。

很显然，这是一个低效的沟通，不仅没能解决问题，而且孩子和妈妈得到的都是负面情绪，最终结果就是不欢而散。如果妈妈懂得"跟"，那么：

安东尼：马蒂尔今天不和我一起玩。不论我做什么，他都说不想做。

妈妈：你在生马蒂尔的气是吧？

安东尼：是的。我再也不想跟他一起玩了。他不再是我的朋友了。

妈妈：你非常生气，以至于你觉得再也不想见到他了是吧？

安东尼：没错。但是如果他不是我的朋友了，我就再也找不到其他人一起玩了。

妈妈：你讨厌一个人玩？

安东尼：是的。我猜我必须去试着用其他方式和他相处。但是我还是很难不生他的气。

妈妈：你想跟他更好地相处，但你又觉得不生马蒂尔的气很难！

安东尼：我过去从来不会生他的气——然而那时候他总是做我想做的事，现在他不再让我指挥他了。

妈妈：马蒂尔没能一直赞同你想做的事？

安东尼：对啊……现在他不再是个听话的小孩了，但是他变得更有趣了。

妈妈：你更喜欢他现在这样？

安东尼：是的。但是不再向他发号施令是很难的——我已经习惯了那样。或许，如果我偶尔让他按自己的想法做，我们就不会总是吵架了。你认为这样会有用吗？

妈妈：你在想，如果有时候你肯让步的话，也许就会有帮助是吧！

安东尼：是的……或许是这样。我会试试。

我们再来看《非暴力沟通》中的一个案例：

"杀人犯！凶手！杀孩子的刽子手！"我曾在一处难民营里向

170多位男子介绍非暴力沟通。演说中，我突然注意到听众席中传来一阵低声的骚动。"他们在暗暗说你是美国人！"我的翻译刚警告完我，一名男子就从台下冲到他跟前，径直面向我使劲喊道："杀人犯！"瞬即，许多人大声附和道："凶手！""杀孩子的刽子手！""杀人犯！"

幸好，我努力让自己全神贯注地体会那名男子当时的感受和需要（情绪和需求）。来难民营的途中，我看到许多前一天晚上射入难民营的催泪弹弹壳，每只弹筒上"美国制造"这几个字清晰可见。我理解难民们对美国向以色列供应催泪弹和其他武器满怀愤怒。

我向那个称我为杀人犯的男子回应道：

马歇尔：你很生气（跟情景），是因为你希望我的政府能改变使用资源的方式是吗？（有抱怨，找到对方的需求）

男子：天杀的，我当然生气！难道你认为我们需要催泪弹？我们需要排水管，而不是催泪弹！我们需要房子！我们需要有自己的国家！

马歇尔：所以，你很愤怒，你希望得到支持来改善你们的生活条件，并且获得政治独立，是这样吗？（跟动机）

男子：你知道我和家人、孩子还有所有人在这里住了27年是什么滋味吗？你能想象这对我们意味着什么吗，哪怕只是一点点？

马歇尔：听起来，你感到非常绝望（跟情绪），你想知道，我或者别人是否能够真正理解这样生活的滋味（跟动机），对吗？

男子：你想来理解吗？告诉我，你有孩子吗？他们有学上吗？他们有玩耍的操场吗？我的儿子病了！他在水沟里玩耍！他的教室里没有课本！你见过没有课本的学校吗？

马歇尔：我听到，在这里抚养孩子，对你来说是多么痛苦（跟情绪）。你希望我知道，你所要的是每一个父母都想给孩子的——好的教育、玩耍的机会、健康的环境……（跟动机）

男子：是的，就这些基本的东西！你们美国人不是说这是人权吗？何不让更多的美国人来这里看看，你们把什么样的人权带到了这里！

马歇尔：你希望更多的美国人意识到这里的人们所忍受的煎熬，并能更深地认识到我们的政治行动对你们造成的影响，是吗？（跟需求）

我们的对话就这样进行了20多分钟，他一直在表达痛苦，而我持续地聆听每一句话背后所包含的感受和需要。我不表达认同或不认同，也不将他的话当作攻击。在我看来，这是一份来自人类同胞的礼物：这个人和我分享的，是他的灵魂以及他深深的脆弱。当他感受到被我充分理解后，他开始愿意听我解释来难民营的目的。一小时后，这位原本称我为杀人犯的男子邀请我到他家中享用了一顿丰盛的晚餐。

带

有学员反馈，以前和孩子沟通时，没有"跟"的意识，不懂得要跟。现在体会到"跟"的重要性了，也学会了"跟"的技巧，但在与孩子沟通时，发现跟了以后就不知道接下来要说什么了。也就是说，不知道怎么带了。

其实，你原来对孩子提的建议、讲的道理、作出的评判都是在"带"，都是试图引导孩子。只是很少有人注意到要先通过"跟"

来建立亲和感。所以你讲的即使再正确，你和孩子的亲和关系没建立起来，孩子也不愿意听你的话。

此外，当你改变原有的沟通程式，加上了"跟"这个环节后，一开始会有些不适应，跟后就无话可说了。

当然，"带"也有技巧。

在这里，我给大家介绍一种"带"的方法——万能带。

孩子：这次考试不小心错了几道题，只考了70分。

家长：你是说这次考试不小心算错了几道题，只考了70分，是吧？（跟语言）我能帮你做些什么呢？（带）

家长：这次考试不小心算错了几道题，你考了70分，你觉得很遗憾是吧？（跟情绪）我能帮你做些什么呢？（带）

孩子：××抢了我的东西。

家长：同学抢了你的东西，你很生气是吧？（跟情绪）我能帮你做些什么呢？（带）

"我能帮你做些什么？"这就是万能带。

万能带，能让孩子感受到家长的支持，在孩子想办法时，家长就变成了孩子解决问题的资源。这样，既锻炼了孩子的能力，也增进了亲和感。

万能带，既能在家长面对孩子提出的问题没有清晰思路时用，也可以在已经有成熟思路时用，先让孩子想，再发表自己的见解与建议，这样效果会更好。

培养孩子成长型思维的沟通策略

前面我们了解了成长型思维和固定型思维的特点,也认识到培养孩子成长型思维的重要性。在和孩子进行沟通时,培养成长型思维就是我们"带"的重要方向。

我们先来看一个真实的沟通案例。

背景:四年级小女孩因上课时和同学说话,被老师罚写作业5遍(其他孩子写2遍),孩子误认为是5倍。孩子边做边嘟囔作业太多,下面是孩子妈妈和孩子的沟通。

妈妈:今天你的作业很多是吗?

孩子:是。

妈妈:作业是怎么多的?

孩子:挨罚了,别人写2遍,我写别人的5倍。

妈妈:你是不是记错了?是5遍吧!要不你问问同学。

于是孩子给同学打电话,同学说是5遍,孩子听了就委屈地哭了,说自己白写了,浪费了一上午的时间,别的作业都写不完了。

妈妈:作业写错了,你一定很难过,写了那么多也一定很累,同时你又担心写不完，所以就更难过了。如果实在难过就再哭一会儿，我抱着你哭。

孩子坐在妈妈腿上继续哭，一会儿哭声小些了。

妈妈：我给你讲个故事吧！

孩子：我不想听。

妈妈：好，不想听就不听，什么时候想听了妈妈就给你讲。

孩子：那我还是听听吧。

妈妈：美国有一对夫妻去旅游，出去了一周，旅途很愉快，还拍了很多照片，回到家的时候已经很晚了，就直接把车放到车库里，行李、照相机等物品也没收拾直接放在车里，两个人就去楼上休息了。没想到夜间车被偷了，当然车被偷了保险公司会赔的，但是车上的行李和照相机也被偷了，照相机里有他们旅途中美好的回忆，这一下全没有了，所以妻子情绪很低落。这时丈夫对他妻子说："事情发生了，你可以选择好心情也可以选择坏心情，但是不论你是选择好心情还是坏心情，车都丢了，聪明的你会选择什么呢？"闺女，妈妈问你，如果是你，会怎么选择呢？

孩子：当然是选择好心情了。

妈妈：对，妻子觉得丈夫说得很有道理。事情发生了，但自己有情绪的选择权，既然这样我还是选择快乐吧！于是妻子就高兴起来了。过了几天，警察局来电话说车找到了，让他们去警察局领车，夫妻俩高高兴兴地到了警察局，发现虽然车找到了，但车被撞得面目全非，幸运的是照相机和行李还在，于是夫妻俩决定开车去修理厂。不幸的是，在半路上他们把别人的车撞了，丈夫很郁闷，这时妻子就对丈夫说："事情发生了，你可以选择好心情也可以选择坏心情，但是不论你是选择好心情还是坏心情车都撞了，聪明的你会怎么选择呢?"

孩子:好心情。

这时孩子的心情明显好了起来,脸上也有笑容了。

妈妈:对,这个丈夫一听这些话是他说给妻子听的,现在又还回来了,所以哈哈大笑。

妈妈:同样,写错作业这件事情已经发生了,我们也无法改变了,但是我们可以选择好心情也可以选择坏心情,聪明的你会怎么选择呢?

孩子:如果选择好心情,我就好受一些。

妈妈:对啊,再说你多写了几遍也没白写,你比别人掌握得更牢固,考试时记忆更深刻了是吧?也不算浪费时间。

孩子:也是。

这时孩子开心多了。

妈妈:你看,通过这件事你是不是学到了很多?比如,5遍跟5倍是有区别的;写错了的作业也有价值和意义;可以在发生糟糕的事情时选择好心情……

孩子妈妈说,要是以前,我肯定又是一番说教:不就是写错了吗?哭能解决问题吗?如果那样,闺女肯定觉得很委屈。用了"培养成长型思维的沟通策略"后效果就不同了,通过沟通既调整了孩子的负面情绪,同时也帮助孩子找到了这件事情的价值,让她得到了成长。更重要的也是我最受益的,是我和女儿的沟通顺畅,我们亲子关系更好了。我发觉这些学到的东西处处能用,真好!现在,事情一发生,我就先想到"凡事发生必有助于我",闺女"出难题",我会很开心,然后就想办法。

沟通步骤:

第一步：遇到问题想到"凡事发生必有助于我"，去找这个事件对我们（家长）和对孩子的价值。

第二步：任何行为在当时都是最佳选择。接纳对方的行为，比如孩子委屈地哭。

第三步：跟，可以跟语言、情绪、动机、需求。

第四步：带，事情已经发生了，你可以选择坏心情也可以选择好心情并从中学习，引导孩子不要成为受害者。

第五步：没有失败只有反馈，困难和错误是成长的时机。一起来看看通过这件事可以得到哪些价值。

以上步骤中，第一步和第二步是"收拾"家长自己，平复自己的情绪。只有自己先把情绪平复下来，才能有更好的沟通效果。

以上步骤仅作为沟通时的参考，要熟练地应用此策略，还需要下些功夫，一旦熟练掌握，再和孩子沟通时就能得心应手。

一个高一男孩，喜欢打网球。在准备参加省比赛前夕集训时，跟他配合了两年的搭档突然改旗易帜，跟另一个从外地回来准备参加比赛的高手组队参加双打比赛，领队给他安排了一个水平略差的新搭档，这让他很气愤，打电话向我诉说委屈。

师：老搭档的离去让你觉得很愤怒是吧？

生：是的，我们搭档这么多年了，平时我还很照顾他，这人怎么这么不讲义气呢？

师：老师给你安排了较弱的搭档，这样在比赛中胜出的概率变小了，你觉得很失望是吧？

生：是的，现在我都不想练了。

师：事情发生了，我们不能改变，但我们可以选择如何应对。你可以选择愤怒，和原来的搭档打上一架；也可以选择消极训练甚至把怨气发泄在新搭档身上。如果这么做，结果会怎么样？这个结果是你想要的吗？

生：不是。可是我能怎么办？

师：我以前跟你讲过，"凡事发生必有助于我"。也就是说，不论发生什么事情，只要天没塌下来，就一定能从这件事上找到对我们有意义的价值。

生：是，您说过。可是我不知道怎么找。

师：老搭档离你而去，是不是让你对他有了更多的了解？这对你以后交朋友是不是一个提醒？在与人交往时是不是多了一份经验？

生：是。

师：你希望有一个更强的搭档还是一个弱些的搭档？

生：当然是更强的，这样赢的概率就更大，对我的水平提高也会有帮助。

师：那你的新搭档是不是也会这么想？

生：是。

师：如果你在后面的训练中主动地去帮他，你的帮助对他来说就是"雪中送炭"，他会怎么样？

生：他会感激我的。

师：这样你们会不会配合得更好？

生：会。

师：你的进步是不是也会更快？心情也会更好？

生：是。这样想，我心里舒服多了。

师：告诉我，你是喜欢网球，还是为了拿名次才练网球。

生：我喜欢打网球。

师：那就好，想一想，因为新搭档对你的感激，你和新搭档通过磨合会配合得越来越好，这样在训练中是不是更能享受打球带来的快乐？

生：是，想到这些，我有些跃跃欲试。

师：如果这样的话，你们还占了"人和"，或许胜出的概率还会更大些。

生：也是！老师，我知道怎么做了。

师：不急，我还有问题。如果没有发生这件事，你会给我打电话吗？

生：可能不会。（笑）

师：是不是因为这件事，让你对"凡事发生必有助于我"这句话有了更深刻的理解？

生：是。

师：是不是因为这件事，你学到了一种处理类似问题的方法？

生：是。

……

表扬

成长型思维的创始人卡罗尔·德韦克教授曾对表扬心理学进行了一项大规模的研究。她们在实验中请来了400多名10—12岁的孩子，这些孩子都来自不同的宗教文化、社会经济背景。研究者首先给孩子们做了一个典型的智力测试，在孩子们解答完这些问题后，研究者拿走了他们的答卷，给他们分别计分，但却不按真实成绩反馈给每个孩子，而是有策略地对不同组的孩子给予了不同的反馈。他们解释道，其实每个孩子都做得很好，平均正确地解答了80%的问题。

研究者表扬一组孩子说，他们一定是非常聪明才能解答出这么多谜题，对第二组孩子则保持沉默。

在实验的第二阶段，研究者告诉孩子们可以选择两个任务中的一个来完成。一个任务非常难，他们不大可能成功，但它具有挑战性，即使是失败了也能从中学到不少东西。与之相比，另一个任务容易得多，他们很可能成功，但可以从中学习的东西比较少。被表扬聪明的那一组孩子大约有65%倾向于选择较容易的任务，而没有得到表扬的那组孩子选择较容易任务的只有45%。

在实验的第三阶段，研究者让孩子们解答更多的谜题。这一次的谜题比第一次的更难，因此大部分孩子都做得不太好。做完之后，每个孩子都被询问有多喜欢解答这些谜题，以及他们回家后还会不会继续做。结果，两组孩子表现出戏剧性的差异。被表扬聪明的那组孩子不如另一组孩子觉得谜题有趣，因而回家继续解答谜题的意愿也不如另一组孩子强烈。

在做完较难的谜题解答之后，研究者让孩子们进行了最后一次测试。最后的这套谜题和实验开始时孩子们做的第一套谜题一样容易，虽然两组孩子在做第一套谜题时得到的分数不相上下，但最后这套谜题的得分却显示出较大的差异，被表扬很聪明的一组孩子的得分远远低于另一组孩子。

德韦克的研究还发现了一个事实，当要求每个孩子告诉同学自己在测试中（包括解答那套较难的谜题）表现如何时，被表扬聪明的孩子有40%撒了谎，而没被表扬过的孩子只有10%撒了谎。

还有一组孩子得到了真实的反馈之后，也得到了一句简短的表扬。不过，这次研究者指出他们一定是很努力才取得了这么好的成绩，表扬的是他们的努力而非能力。这组孩子与其他两组孩子的表现很不一样。当让他们选择挑战性任务或容易的任务来做时，只有10%的孩子选择了容易的任务。在做最后一套容易的题目时，这组孩子的得分明显高于第一次。

研究结果清晰地表明，表扬孩子的努力和表扬孩子的聪明导致了迥异的结果。德韦克认为，因为努力而受到表扬的孩子会更有动力尝试挑战，因而不会害怕失败。

通过研究发现，并不是所有的表扬都会产生同等的效果。有的表扬会摧毁孩子的动力，有的表扬则能帮助孩子做最好的自己。表扬聪明或者有天分，并不利于孩子的心理健康，这会鼓励孩子逃避挑战，并且使孩子在遇到挫折的时候容易丧失信心。相反，表扬孩子付出的努力则会鼓励孩子开发自己、努力工作，并且在困难面前坚持不懈。

正像前文所述"表扬孩子聪明有天分，常常会使孩子陷入感觉良好的陷阱"，同样，虚泛的表扬也可能引起孩子的反感。

记得曾经有一个同事说，她女儿的地理老师经常夸孩子空间感知能力强，但孩子说，每次老师夸她时，她都很排斥，因为她觉得自己的空间感知能力并不强。

生活中也有很多家长夸自己孩子懂事，但是，孩子却不以为然。因为孩子觉得这样的夸奖太假、太虚。特别是亲子关系不好的家长，以前很少表扬孩子，不知从哪个老师或哪本书里学到了要多夸奖孩子后，回家就用，孩子反而觉得怪怪的，要么认为家长"吃错了药"，要么认为家长"怀着某种不可告人的目的"。

当然，也有一些孩子很享受被夸奖的感觉，也会有意识地迎合家长。如，家长夸孩子很听话，能安安静静地坐着。孩子为了赢得家长的夸奖，就做出听话的样子等着家长夸。家长似乎也找到了一个控制孩子的好办法。"一个愿打一个愿挨"，双方都很舒服。岂不知，这样孩子很可能会失去很多尝试、锻炼的机会，同时也极易形成"迎合"别人的程式，而失去自我。

我还遇到过一个初二的男孩，原本很听话，给老师和长辈的印象是有礼貌、很懂事。有一次，因在学校违纪，在家长将他接回家批评教育时，他彻底爆发了，不仅顶撞了他父亲，而且砸了东西，还对他爸爸爆粗口。在辅导时我问他："家长都觉得你很懂事，那平时的懂事是真正意义上的懂事还是在'忍'?"他不假思索地说是在"忍"。这一点，需要大家特别注意，这与"以控制为目的的夸奖"有关。

虚泛的表扬还有可能让孩子形成虚高的自尊，使得他很容易受到伤害。有时为了保护自己，在遇到比他强的人时，要么逃避，要么掩饰自己的错误，甚至为了维护自己虚高的自尊打压对方。

怎样表扬孩子更有效？

首先，我们要意识到表扬的目的不是为了讨好孩子，更不是为了控制孩子，而是通过肯定让孩子体验到做了好事、完成某项任务时的满足感和成就感，让孩子更自信。

为此，在表扬孩子时需要注意以下两点：

第一，表扬要有支撑，表扬是针对某个行为的，孩子在这个行为中的表现就是表扬的支撑，否则孩子会认为家长在忽悠他。

第二，多表扬孩子努力的过程，慎重表扬结果。很多人认为只有表扬努力的过程才能让孩子建立成长型思维，我认为没必要那么刻板，表扬努力可以让孩子感受到努力的意义，表扬结果能够带给孩子成就感，这两方面都能带给孩子力量。当我们了解了背后的原理后，就能审时度势，做出更好的选择。

表扬可以参考以下步骤：

表扬=描述你所看见的事实＋说出孩子的感受+陈述你的感受+（评价性语言）。

比如说，孩子考了满分，有些家长会说，看我们孩子，考了满分，真棒！

孩子会想，考了满分真棒，考不了满分就不棒，考试给孩子带来压力。

如果换种说法：我看到你这段时间学习很努力，并且考出了好成绩，你很高兴，我也由衷地替你高兴，祝贺你！这样，效果可能会更好。

在上面的公式中，我把评价性语言加了括号，就是说在具体评价时，可以加也可以不加。有些专家认为，要尽量避免夸孩子的人品。比如，"你真是个好孩子！""你太棒了！"你真了不起！我觉得，这和前面我讲的"表扬过程和表扬结果"一样，是不是加上，要看具体情况，也要从孩子的实际出发。因为孩子的"身份"意识也是需要强化才能确定，一旦有支撑地帮助孩子确定了某种积极的"身份"，这个"身份"同样具有巨大的力量。

表扬既可对事也可对人，视情况而定。

批评

在教育中不能没有批评，在孩子犯错误的时候，对孩子进行批评甚至惩罚是有效的教育手段。只是批评也需要讲究艺术。

我认为，批评可以分为两种，一种是破坏性批评，一种是建设性批评。所谓破坏性批评，就是家长在发泄情绪。比如，有些家长会因为孩子犯错误而气愤，这时可能口不择言，话怎么难听怎么说，甚至打骂孩子，这种批评就是破坏性批评，是不可取的。这样做不仅不能帮助孩子进步，反而会影响亲子关系，甚至破罐子破摔。建设性批评认为，孩子犯错误是必然的，孩子是在试错中成长的，孩子犯错误是教育孩子的时机。因此，建设性批评是以帮助孩子成长为目的的。

拥有固定型思维的家长害怕孩子犯错误，认为孩子犯错误是自己教育的失败，是孩子的失败，是孩子在给自己找麻烦。拥有成长型思维的家长可以从孩子犯错误中看到自己在孩子教育中的不足，并抓住孩子犯错误的机会帮助孩子成长，同时提高个人认知，自我成长。

建设性批评策略

我们再来看前面提到的案例：有一个女孩，二年级，从妈妈给她的100元校服钱中拿出30元还了账，剩下的70元钱买零食吃了。遇到这种情况，家长要怎么做？

建设性批评的一般策略是：

第一步：找到行为的积极动机。（需要家长跟孩子进一步沟通，喜欢吃零食、用零食交朋友）

第二步：跟动机，并分析其结果并非三赢。

妈妈：你把校服钱买了零食，你很喜欢吃零食是吧？你想用零食交一些朋友是吧？

孩子：是的。

妈妈：那么咱们一块来看一看，这么做会有什么结果。

校服钱交不上了，妈妈知道了会生气，老师知道后会批评……（在这里可以用NLP的感知位置技术，也就是引导孩子从妈妈角度、老师角度、同学角度来看这个事情，让孩子看到行为的负面结果）

第三步：凡事至少有三种解决方法，如果以后再发生类似的事，可以怎么做？一起和孩子找方法。

妈妈：凡事至少有三种处理方法，想想看，如果在你放学时，看到有人在卖你想吃的零食，你可以怎么办？

孩子：我可以跟妈妈说。

妈妈：还有呢？

孩子：可以忍一忍。

妈妈：还有呢？

孩子：可以转移注意力。

妈妈：还有呢？

……

继续问下去，当孩子想不出来后，家长还可以给出一两条建议。

妈妈：在前面想到的方法中，你觉得怎么做更好？

妈妈还可以对孩子说，如果遇到了这种情况，你是怎么做的，回来记得跟妈妈分享。

第四步：事情已经发生了，可以做些什么？

妈妈：这件事已经发生了，你觉得应该做些什么？

家长可以提出让孩子接受惩罚，告诉孩子不怕犯错误，犯了错误就要勇敢地承担后果。

第五步，通过这件事，你有哪些提高？

家长和孩子一起总结这件事带给孩子的收获。

案例1：打人

第一步：找到打人的积极动机。（比如，维护自己的权益、维护自己的自尊、维护自己的权威等）

第二步：跟动机，并分析行为的结果。（你动手打他是为了……是吧？同时你要看一看，你打他造成了什么样的后果，对你、对他、对学校……）

第三步：凡事至少有三种解决办法。（你想想，假如以后再遇到这种情况，怎么做会更好？）

第四步：事情已经发生了，我们可以做些什么？（赔礼道歉……）

第五步：事情发生了，你从中学到了什么？

这样的批评，既可以帮助孩子成长，同时我们面对孩子的"错误行为"时也没有了埋怨、批评和指责。

"惩罚"放在建设性批评之后孩子更容易接受，也更容易帮助孩子建立规则意识。

案例2：恶搞

一个女孩喜欢恶搞，喜欢看妈妈着急、气恼的样子。好几次偷偷地把妈妈的手机藏起来，看着妈妈气急败坏的样子，她很得意。这次孩子把妈妈的手机藏在了门框上，手机掉下来了，把屏幕摔坏了。孩子妈妈很愤怒，想揍孩子，孩子一看情况不好，就跑到自己的屋子里插上了门。

孩子妈妈说，她的火已经冲到脑门了，要不是孩子插上门，一定会对孩子动手的，并说这次必须给孩子一些教训，问我这件事该怎么处理。

我：你希望通过这件事，让孩子在哪些方面得到教训和成长？

家长：让孩子做事有分寸感。手机放在高处肯定有危险，为什么还要这么做？

我：如果你是孩子，你为什么要把手机放在门框上？

家长：想看妈妈找不到手机，着急的样子。

我：看到妈妈找不到手机着急，她会怎么样？

家长：她会觉得很好玩，自己得逞了，会很得意。

我：这就是孩子行为的积极动机。积极动机没有问题，这也从另一个侧面说明你们母女的关系很好。

家长：是的，关系很好，但是没有界限感，我也明确跟她说过，我不喜欢她这么做。但她就是不改，有时搞得我很疲惫。

我：先肯定她的积极动机，接下来和她一起分析这次行为的结果是"双输":手机屏摔碎了,妈妈很生气也很心痛,妈妈"输了";妈妈要揍她,或者用其他方式惩罚她,她也输了。这一定不是她想要得到的结果。然后对孩子说,不好的结果已经发生了,要为这次行为负责任,想想怎么惩罚她。接下来跟孩子一起探讨,如果以后再开玩笑,是不是要掌握分寸,要注意安全?和朋友开玩笑时,是不是也要注意这方面的问题?

说到这儿,家长连连称"是",说自己的心情也平静多了。我告诉家长,这就是建设性批评。孩子犯错误时,我们不能只顾发泄自己的情绪,更重要的是,让孩子从这件事中得到成长。

几个实用沟通技巧

鱼仔文化

海豚完成一次优美的跳跃后，它总会从工作人员那里得到一条鱼仔的奖赏，然后高兴地做更精彩的表演。每一次给鱼仔，都是驯兽师对海豚行为的强化。积极的正向反馈为行为带来持续的动力。同时每个人都希望得到别人的肯定，肯定有着巨大威力。

鱼仔文化就是利用肯定的威力，当孩子做出一些我们认为好的行为时，拿出一张小纸条，给孩子写上肯定的话语，是一种简洁高效的沟通方式。

写"鱼仔"也要遵循先跟后带的原则，这样的肯定才会让人感到真实。

今天早晨上学前你把房间收拾得整整齐齐，我看了很舒服（欣慰、高兴）。

听了你对×××的理解，我觉得很深刻（角度很独特）。

做×事前，你做了充分的调研，我很欣赏你这种做事风格。

在写"鱼仔"的时候，我建议采用"叙事+感受+（拔高评价）"的格式，是否加拔高评价视情况而定。

比如，"今天早晨上学前你把房间收拾得整整齐齐，你真棒！你真是一个做事有条理的孩子"。"你真棒，你是一个做事有条理的孩子"就是在拔高评价。是否拔高需要看当时的情景以及你和孩子平时的互动情况，有效果比有道理更重要。

此外，"鱼仔"写好后要及时送出，但不要直接送给孩子，而是放到一个孩子无意间能看到的地方，比如夹到孩子的书本里，放到孩子的枕头下，放在孩子的写字台上，给孩子一个"意外的惊喜"。

"鱼仔"不仅是及时肯定孩子的道具，同时也能让家长学会欣赏孩子，逐渐养成欣赏别人、肯定别人的习惯。这也会给我们的生活带来巨大的改变。

讲故事

家长要学会讲故事，因为讲故事可以避开与孩子沟通时的情绪障碍。

有些孩子很烦家长讲道理，如果家长和孩子间的情感银行是赤字时更会这样，因此，有些孩子与人沟通时会在情感上有一层无形的防御，在这种情况下沟通效果可想而知。讲故事就可以巧妙地绕过这层防御，达到有效沟通的目的。

一是故事有情节，容易吸引对方；二是故事讲的是别人的事，孩子心里不设防；三是故事中的道理是通用的，对孩子也适用。

比如，为了提高孩子们的逆境商（面对困难和逆境的态度和反应方式），我经常给孩子们讲一个故事：美国有一对双胞胎兄弟，一个是商业精英，一个是醉鬼流浪汉。媒体对哥儿俩的情况很好奇，认为既然是双胞胎基因一定是很相近的，但是为什么命运会有这么大的差别呢？于是想到是不是成长环境对他们产生了影响，并由此展开调查。结果发现他们的父亲是个酒徒，经常酗酒，喝多了回家就打老婆（双胞胎的妈妈），孩子的妈妈不堪家暴离家出走，把两个孩子留给了这个酒鬼爸爸。此后孩子的爸爸喝多了回家就打孩子，再后来，爸爸被捕入狱，两个孩子被送到同一家福利院，他们都是在福利院长大的。看了这个调查结果，媒体就更纳闷了，"到底是什么影响了这哥儿俩呢？"于是派记者去采访，让他们没想到的是，哥儿俩竟然对记者说了同一句话："有这样的父亲，我还能怎么样？"哥哥的意思是，有这样的父亲，如果我不自立自强还能怎么样？所以他通过努力成了商业精英。而弟弟的意思是，我有这样一个醉鬼父亲，我不学他还能怎么样？所以他成了醉鬼流浪汉。很显然，弟弟把自己当成了事件的受害者，而哥哥则从中汲取了力量。

讲这个故事的目的就是告诉孩子：同样的一件事，我们可以从不同的角度来看待，既可以让自己成为受害者，也可以从中受益。

很显然，讲故事的效果会远远好于说教。在此，我建议各位家长朋友，心中要多装一些故事，让自己成为讲故事的高手。

大象耳朵嘉许法

这是张国维先生在讲课时提到的一种方法。

先问大家一个问题：孩子什么时候听得最认真？答案是，偷听的时候。

我们经常会遇到这种情况：孩子和你在一起，突然老师打来电话，孩子会很想知道老师讲什么，有的孩子会凑过来听，有的孩子会假装不在意，但一定会让自己在一个能听到的范围内伸长耳朵仔细听。大象耳朵嘉许法就是巧妙地利用了孩子想听的心理特点。

这时如果老师跟家长讲的是孩子在学校的好的表现，孩子偷听到后会怎么样？是不是会因得到了肯定和鼓励而高兴？同时是不是会跟打来电话的老师更亲近？然而，很多老师用反了，他们给家长打电话更多的时候是在告状，使孩子越来越讨厌这个老师，家长也越来越害怕接老师的电话。

我趴啦

我趴啦，就是在孩子面前适当示弱。

有些家长习惯在孩子面前扮演"权威"，以树立威信。其实大可不必，家要有家的样子。家给人带来的应该是温情、快乐、幸福、安全。家长没有必要总是一副高高在上的样子。

每个家长都希望自己的孩子自信、做事有热情，但是有些家长却常常为了维护自己的权威而不断地打击孩子的自信。我曾经遇到过一个家长，他儿子在上小学的时候曾经拿过当地围棋少儿组的冠军，我问他现在孩子怎么样？他说孩子现在连棋都不摸了。后来我了解到，孩子的父亲喜欢围棋，水平也比较高，也想在这方面培养孩子，给孩子报了培训班。在孩子得了冠军后为了不让孩子"骄傲"，就提出要和孩子比试比试，每次他都赢孩子，几次后孩子就不再跟他玩了，也不动棋了。如果这个家长懂得"我趴啦"的道理，在跟孩子下棋时能控制一下节奏，时不时地输给孩子几局，让孩子感觉到有难度，同时也能赢，可能孩子会一直保持这个兴趣。

"我趴啦"是很好地培养孩子自信的沟通方法。

沟通是技术，同时也是艺术。了解这些理念和策略只是迈出了学习沟通的第一步，要掌握这些方法和技巧还需要不断地刻意练习，反复实践、反复体验，让这些策略成为你大脑中的程式。

沟通案例

案例1：游戏中沟通，培养孩子的成长型思维（贾新华）

贾新华，第23期《NLP智慧家长》班学员，女儿上幼儿园，在系统学完了四天课程的全部内容后，在群里分享了一个和女儿沟通、培养女儿成长型思维的案例。

新华：昨天实现了一个突破，以前跟闺女玩接球游戏，如果接不到她就爱生气，甚至气哭了，跟她讲过很多次大道理也不管用，昨晚打球又生气了。

妈妈：妈妈知道你特别想接住球，对吧？

女儿：嗯，是的。

妈妈：接不到球就着急了是吧？

女儿：是。

妈妈：所以就生气是吧？

女儿：是。

妈妈：咱们试试调整一下接球的方向呢？刚才我看球往哪个方

向去了，你也跟着跑过去，是不是可以接住呢？要不要试试？

女儿：好的。

然后，我给了几个简单的球，她都接住了，特别开心。

妈妈：接不住球，不生气，调整方向，努力加油就可以。

她特别开心。接着，我就假装接不住球，生气，她反过来开始用这个方法指导我，再之后接不住球也不生气了。

@新华：这个沟通很精彩，有效地解决了孩子在接不到球时产生负面情绪的问题，同时让孩子有了一份积极体验。事后，妈妈可以告诉孩子：这就是"没有失败，只有反馈"，并解释给孩子听，这样孩子就会形成积极信念，而这次突破就是孩子获得积极信念的有力支撑。

妈妈：以前接不到球就很不开心是吧？

女儿：是的。

妈妈：现在呢？还会不开心吗？

女儿：不会，调整方向努力加油就可以了。

妈妈：以前接不到球是不是觉得自己"失败了"或者"输了"？

女儿：是。

妈妈：现在是不是学会了在接不住球时就想办法调整，想办法接住球，这样我们就能进步？

女儿：是的。

妈妈：是不是正是因为你接不住球，你才会思考怎么做可以接住球？如果你接住球的时候，你会思考这个问题吗？

女儿：不会。

妈妈：接不住球是不是让你进步了？

女儿：是。

妈妈：以后我们是不是就不怕出错了？

女儿：是。

@新华：按以上思路试试，看看幼儿园的孩子能否接受。

@为己教育（范先稳）：好的，晚上试试。

新华：实战很成功，今天没打球，改成在沙发上铺抱枕连跳。先跳到第一个，弹起来跳第二个，再弹起来跳第三个，如果没弹起来她就认为没成功，我是这样引导的：

妈妈：没连跳成功就不开心了？

女儿：是的。

妈妈：如果调整一下起跳姿势就有希望成功？

女儿：是的。

（我帮她调整姿势，果然成功了。我说，每次的不成功就是反馈，就是想告诉咱们点儿什么。接下来的一次没成功，她对着抱枕说，又是想告诉我点儿什么了，下次我肯定能成功！）

妈妈：告诉你点儿什么？

女儿：这是个秘密。

妈妈：我知道这是个秘密，如果你要告诉我的话，会告诉我什么呢？

女儿：还是个秘密。

（又一次成功了）

女儿：我告诉你这个秘密吧，它是让我往那边跳跳。

妈妈：是不是就成功了？

女儿：是的。

妈妈：你这就叫自我提升。

女儿：哈哈。

妈妈：是不是需要感谢每次不成功？

（孩子对着抱枕说"谢谢"）

妈妈：不害怕不成功了吧？

女儿：是的。

案例2：我特别想考100分让老师开心（李丽丽）

小明正在抄书，这时下课铃声响了，每行最后的同学开始收测验纸。

男孩走到我面前。

我看着他的眼睛，轻声说："说说吧，什么情况？我想听听你是怎么想的。"

他眨着小眼睛，满眼泪水地对我说："老师，我特别喜欢你！我特别想考100分给你惊喜！"

"是啊！你是这样想的啊！然后呢？"我问。

"有个字我想不起来怎么写了！我忒着急！情急之下，我就拿出书来想看看！"男孩解释说。

我看着他的眼睛，点点头，继续问："实在没办法了呀？"

男孩频频点头，认真地说："就是，就是！"

（听他这样说，我扑哧就笑了。这个男孩的动机是好的，需要引导的是努力的方向！）

想到这些，我先拍拍他的肩膀，再握住他的双手，看着他的眼睛，认真地说："你想让老师开心，考100分，我很感动！谢谢你！"然后我把他拥入怀中，抱了一下。

男孩不解地看着我，显然没想到我会这样。

我继续说："想法没错，考试抄书这个方式不对！接下来，我们研究一下，怎么做，可以考100分！"

男孩想了想说："我上课认真听讲！"

"可以。"我肯定地说，"还有呢？"

"按时完成作业！"男孩继续说。

我又问："还有呢？"

男孩若有所思："回家努力记住这些词语，多写几遍！"

"好主意！还有吗？"我继续问。

男孩抬起头又想了想说："我还可以让妈妈听写词语！"

"对呀！你看，想考100分，是不是可以有很多办法？"我问。

男孩点点头。

我摸摸他的头说："凡事至少有三种解决办法！老师相信你可以处理好你学习的事情，通过自己的努力拿到100分！"

小男孩认真地点点头，说："老师，请你相信我，我可以的！我回家就去努力，一定把这些词语背过来！"

我赶紧跟男孩击掌，加油！然后给了他一个大大的拥抱。

男孩背着书包，开开心心，蹦蹦跳跳地回家了！

感悟：孩子啊，很多时候想法是好的，只是方式不对！他们需要的不是训斥，而是父母或者老师带着爱，耐心地引导！通过引导，提高他们解决问题的能力！

李丽丽老师的沟通是很成功的，也很精彩。虽是对学生违纪的处理，但沟通双方都很舒服，孩子在事件中得到了成长。李老师和这个孩子沟通时,用到了"先跟后带"技术、亲和感建立技术、行为分析策略,"任何行为背后都有积极动机""凡事至少有三种解决方法"两条NLP假设,"还有呢……"等语言技术。沟通模式基本遵循了"建设性批评沟通策略"。如果再强调一下规则意识:"在同学向我报告你抄书的时候,你害怕吗?""害怕。""你害怕是不是知道这样做是不对的?""是。"最后引导孩子总结这次沟通的收获——通过这件事你学到了什么?就更完美了。

案例3:有效沟通给孩子自信(常玲玲)

今天早上,我们班的语文老师告诉我,说班里一个女孩小可连续几次考生词都是错很多或者全部错。这个孩子进教室之后,我把她叫到楼道里,了解情况。

我:语文王老师告诉我,你生词考试,考错的生词很多,是吗?

小可:有的时候错的多,有的时候就错几个词。

我:王老师要求考的词语,你在家里,家长考过了吗?

小可:有的时候爸爸会考我,有的时候不考。

我:昨天晚上的词语,爸爸考了吗?

小可:考了一部分,没考完。

我:每天20个词语,没考完吗?

小可:爸爸没考我,我自己看了几遍。

我:你想不想,王老师考词语时,你全部都会写呢?

小可:想。

我:想都会写,你要做些什么呢?

小可：我在家多看几遍生词。

我：还有什么办法？

小可：让爸爸考我。

我：还有呢？

小可：考错的生词，我多写几遍。

我：你还记得以前我教你的记生字生词的方法吗？

（孩子没吱声）

我：你去教室里把语文书拿来。

（我用我们的学习方法教孩子记了5个生词）

我：你是不是把这么好的方法忘了啊。

（孩子笑了）

我：学习要用对方法，对不对？

小可：对（点头）。

我：你用好方法就会记得快，记得牢。你用这个方法去记词语，看看会不会在考试中提高成绩啊？老师等着你的好消息。

案例4：由学骑车引发的评判（常玲玲）

中午放学的时候，我们班的子墨问我：常老师，我爸爸说我做事不坚持，没常性，我要怎么办啊？

我：你做了什么事，让爸爸说你不爱坚持啊？

子墨：我学骑车，学了两天就不学了。

我：发生了什么事，让你不学骑车了？

子墨：我摔了一跤，特别疼。

我：摔跤，就是很疼，没受伤吧？

子墨：没有。

我：你学骑车这两天，有什么收获啊？

子墨：以前，我上不去车，现在我爸爸帮我扶着，然后我爸爸悄悄松手，我自己可以骑一小段了。

我：真的吗？太好啦！你在骑一小段时，是不是很紧张啊？

子墨：是，很紧张。

我：除了紧张，还有什么收获？

子墨：我还很开心，我可以骑一小段了。

我：可以骑一小段路，就这么开心，这么有成就感。想不想骑得更远一些，骑得更熟练啊？

子墨：想啊！

我：想，你可以做些什么呢？

子墨：我回家再练练，就会更熟练了。

我：你再继续练习骑车，爸爸会说些什么？

子墨：爸爸会很高兴，会说我是一个有常性的好孩子。

我：爸爸这么说你？你心情怎么样？

子墨：我会特别开心，继续学车，让爸爸知道，我做事能坚持。常老师，我太开心了。我好喜欢你啊。

案例3、案例4是家长同时也是老师的常玲玲在"NLP学习指导师"群里分享的两则沟通小故事。沟通中常老师用了很多NLP技巧：先跟后带、精确语言技术、下切、消除限制性信念、培养成长型思维等，这样的沟通会让人觉得很舒服。

案例5：女孩儿说她不是学物理的料

案主一名高中女生，给她印象最深的是初三的一次考试，她物理考得很差，班里只有4个人不及格，她是其中一个。

"也许物理老师是为了激励我们。"孩子说，那一次老师在上课时，当着50多名同学的面点了他们的名，当时她非常羞愧，恨不得能找个地缝钻进去。从此，她害怕学习物理，物理成绩也变得更糟糕，同时坚信自己不是学物理的料。这样的身份认同和"我学不好物理"的限制性信念直接影响着她的行为——能不学物理就不学物理、作业能拖就拖……这样的学习行为导致的结果可想而知，而这个结果又成了她学不好物理这一信念的有力支撑，从此陷入恶性循环中。

当然，高中选科的时候，她没选物理。

"学物理的料和学语文的料有什么区别？"我问。

孩子笑了。

"你身边有物理书吗？如果有的话拿出来，老师检验一下你到底是不是学物理的料。"

她弟弟恰好在身边，随手把自己的物理书递给了她。

我让她随便翻开一页，翻开后，让她读演示1的内容（在一个配有活塞的厚玻璃筒里放一小团硝化棉，把活塞迅速压下去，观察发生的现象）。

"把书合上，背一下。"听我这么一说，孩子笑了。

"我啥也没记住，脑子里一片空白。"

"是啊，你读书的方法不对，所以你就什么也没记住，按我的方法再试一试。"

"好的。"

"读的时候要边读脑子里边出图，读'在一个配有活塞的厚玻璃筒里……'时，脑子里要想象出一个配有活塞的厚玻璃筒，要做到脑中有物，脑中有图。"

很快，孩子就读完了。

"现在你脑子里边有什么？"

"有图。"

"能把内容复述出来吗？"

"能。"

"这样学物理和以前有什么感觉上的不同？"

"很形象，不再枯燥了。"

"如果你这样学习的话会怎么样？"

"效率会提高很多。"

"所以我说，不是你不是学物理的料，而是你没有找到合适的方法，方法对了，学习就简单了。"（相关学习辅导技术参考《方法对了，教育就简单了》）

"现在想起老师在课上点你们的名，你会有什么感觉？"

"很不舒服。"

"不舒服的程度从0到10，你打几分？"

"7分以上吧。"

"想起老师在课上点你名的时候，你脑子里边是不是有画面？"

"是。"

"把这个画面变小，再推远，你需要低着头才能看到这个画面。"

"好了。"

"想象老师在用你觉得很滑稽的卡通人物的声音点你们的名，感觉怎么样？"

"觉得挺有意思的。"

"不舒服的程度变为几了？"

"2以下吧。"

"很好，这2分就算是老师对你的激励，保留下来吧。再想想这件事情，感觉怎么样？"

"以前我挺恨老师的，现在没有恨了，老师也是为了我们能更努力。"

"任何行为都有积极动机，老师的积极动机就是希望你们能学好物理，只是他采取的方式你不喜欢，是吗？"

"是。"

"凡事发生必有助于我，从这件事中你能得到什么？"

"想不出来。"

"这件事是不是提醒你，如果将来你当了老师，你不会用这种方法来"激励"你的学生？"

"是。"

"是不是提醒你，将来你会选择更合适的方式来激励你的孩子？"

"是。这么一想，这件事对我还是很有意义的。"

"通过这件事，你是不是真正体会到了'凡事发生必有助于我'这一假设的意义？"

"是，谢谢老师！"

家长是孩子成长的资源，家长用自己的知识、经验、阅历、感悟等帮助孩子。要想更有效地帮助孩子，一方面要打开水龙头的阀门——跟（建立亲和感），另一方面还要不断地向水箱里注入高质量的"水"。在我初当老师的时候（30多年前），经常听人说"要给学生一碗水，老师要有一桶水"。很显然，这句话已经过时了，现在是知识爆炸的时代,也是多媒体时代,知识更新很快,人们获得知识的途径也越来越丰富。教师和家长已经不是知识上的权威了,要跟上时代的脚步也需要不断学习,终身成长,只有这样才能更好地"带"。

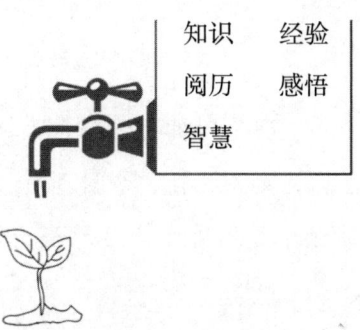

成功的沟通不单单意味着用自己的观点来达成目的,也包含着为找到更好的解决办法而采取的变通。同时还意味着使沟通的另一方和自己一样处于一种富于创造的兴奋状态,使他也能灵活而巧妙地参与进来。

智慧语录

每个人都有自己的心灵地图,尊重别人的与众不同。

两个沟通杀手:我是对的,我都是为你好!

家庭不是法庭,要多讲情,少讲理。

下切是帮助孩子看到进步,给予孩子积极的正向反馈的很好的方法。

当对方说"是"或点头表示肯定时,"跟"就有效了。

任何行为背后都有积极动机。

认可对方行为的积极动机并非认可这个人的行为,"跟"的目的是建立亲和感,是为了更好地"带"。

先看积极动机,再看行为的结果。

抱怨背后隐藏着需求。

NLP中的"跟"是表达理解的重要工具。

表扬要有支撑,表扬既可对事也可对人,视情况而定。

"惩罚"放在建设性批评之后孩子更容易接受,也更容易帮助孩子建立规则意识。

批评可以分为两种,一种是破坏性批评,一种是建设性批评。

成功的沟通不单单意味着用自己的观点来达成目的,也包含着为找到更好的解决办法而采取的变通。

第五章

答疑解惑

一、关于作业辅导

1. 家长辅导孩子写作业时"鸡飞狗跳"是常态吗?

现在网上流传着很多关于家长辅导孩子写作业的段子。"不写作业母慈子孝,一写作业鸡飞狗跳……"甚至有些家长因辅导孩子写作业得了心脏病、脑血栓,患上了"恐辅症",等等。

有的家长觉得在辅导孩子写作业时生气是常态,也有很多家长把发生冲突的责任归为孩子,认为是孩子写作业不认真才导致冲突的发生。

这种"鸡飞狗跳"式的辅导对孩子的伤害是很大的,如果你在辅导孩子写作业时会发火、会生气,说明你还不具备辅导孩子写作业的能力,不如不辅导。看似在你的辅导下孩子做对了几道题,但这样的辅导很容易使孩子厌学,甚至影响孩子一生的进步与发展。

前面提到:回忆包括三个要素"画面、声音和感觉"。需要特别注意的是,回忆的时候,事件发生时的感觉也会一并出现。人们常说"我一想起来就生气！"，这个"生气"就是当时的感觉在回忆时的再现。

如果家长辅导孩子作业时不断地批评、指责，甚至打骂，孩子会有什么感觉？这种痛苦的感觉也会和学习这一行为一起打包储存在孩子的大脑中。当他回忆所学知识时，当时的感觉也一并出现。如果这个回忆是痛苦的，孩子很可能"一想到学习我就难受"，逐渐地就厌学了。关于这一点，"恐辅"的家长是很容易体验到的，因为辅导孩子时的痛苦的感觉，也同样和"辅导孩子"的行为一起打包储存到你的大脑中。想一想，一提要辅导孩子，你是不是也会有一种不舒服的感觉？

所谓孩子厌学，不是孩子讨厌学习，而是讨厌学习时那种痛苦的感受。孩子出于自保，必然会选择逃避。

所以，如果想让你的孩子爱学习，在孩子学习时，就要让他有一种轻松愉悦的感受，这种感受既要有内在的学习带给他的成长感，又要有外在的家长对他的支持、帮助和鼓励，学习兴趣就是这样培养起来的。

综上，家长在辅导作业时，要做孩子学习上的支持者，让孩子在一种轻松愉悦的氛围下学习，而不是一味地挑剔、否定孩子，让孩子将学习和痛苦链接在一起。

2.妈妈辅导孩子作业经常被气哭，你怎么看？

辅导作业时经常被气哭的家长心里都有一条假设：孩子写作业时出现的种种状况都是因为孩子学习不认真——上课时不认真听讲、贪玩、不愿意做作业……

家长的怒气往往来自两个方面，一是上述假设，二是对上述假设中孩子的行为的无能为力。

要解决也并非难事，如果头脑中的假设改变，行为自然改变，当然行为的结果也会随之改变。

我们以孩子作业拖拉为例来分析如何改变假设。

如果你是孩子，你在父母不断催促甚至高压督促下写作业仍然拖拖拉拉，你为的是什么？难道你不想早早完成作业得到父母的赞赏吗？难道你不想好好学习让妈妈开心、全家快乐吗？难道你不想早早完成作业踏踏实实地去玩吗？难道你不想……既然这样，你为什么还会拖拉呢？

换位思考是否可以让家长更深入地去了解孩子作业"不认真"的原因呢？

有没有这种情况？所谓"不认真"，是孩子在学习上遇到了困难，需要我们帮助？有没有可能是孩子在用低效的学习方法学习，学习上的习得性无助使他对学习失去信心了呢？

如果想到"孩子作业出现问题是孩子遇到了困难，需要帮助"，你的心态是不是也就相应改变了？

看到孩子写作业出现的状况——想到孩子遇到了困难——想办法找资源帮助孩子解决困难——看到孩子在学习过程中的努力，并及时肯定孩子的点滴进步……如果这样做会怎么样？是不是会逐渐进入家长与孩子之间的良性互动呢？

因此，被气哭不能光怨孩子，家长要多从自己这方面找原因，察觉大脑中的程式，升级大脑"软件"，让辅导作业成为帮助孩子、建立良好亲子关系的机会。

3.孩子上小学四年级，写作业拖拉、磨蹭怎么办？如何解决？

首先，找到孩子写作业磨蹭的原因。看看孩子是因为作业难度大不会做而磨蹭，是担心家长在自己完成作业后会再留"家庭作业"没有时间玩而磨蹭，还是已经养成了作业磨蹭的习惯……

其次，根据不同的情况采取不同的策略。如果作业难，先做会做的，不要在不会做的题目上花费太长时间，做完会的以后集中时间解决不会做的题目，这时家长可以为孩子提供帮助。

如果是担心家长会再留作业，家长就明确告诉孩子，做完作业后时间由他自己支配。

如果已经养成了作业拖拉的习惯，建议使用番茄工作法，帮助孩子逐渐改掉这个习惯。除上述情况外，还可以跟孩子一起寻找造成作业拖拉的一个个细节问题，共同商定控制这些不良细节的方法、措施。例如，做作业之前先明确任务，限定完成时间，做到了给点儿小奖励，没做到给点儿小惩罚。有意识屏蔽那些干扰因素，例如单设书房，不在有电视、电脑的屋里做作业，把手机、零食、玩具等易分散注意力的东西收起来，等等。

二、关于学习动力

1.面对不想学习的孩子该怎样教育？

孩子不想学习，主要有两方面的原因，一是动力不足，二是阻力太大。（参见《方法对了，教育就简单了》中的"学习动力系统理论"）

学习动力主要来自三个方面：第一，目标。也就是学习带给他的价值，找到了价值，就有了学习动力。有的孩子为了得到老师奖励的小红花努力，有的孩子为了让父母高兴努力，有的孩子觉得学习本身很有趣而努力，有的孩子为了避免学不好被父母责骂而努力，有的孩子为了自己的面子努力……第二，兴趣。俗话说"兴趣是最好的老师"，人的大脑都喜欢探索未知，当他内心的疑问通过学习得以解决的时候，就会有很强的成就感，这种成就感为他带来学习动力。所谓兴趣，就是学习时带给他的美好的感觉。需要注意的是，兴趣不是天生的，是可以后天培养的。第三，毅力。当学习遇到困难时，就需要毅力的支撑，帮他渡过难关获得成长。

学习阻力来自四个方面：第一，负面感受。有的孩子觉得学习时很枯燥、无聊、烦、累、没自信，甚至有人一提到学习就头疼。这些负面的情绪感受严重影响着学习效果，负面情绪感受不消除，补多少课也没用。第二，限制性信念，即孩子不相信自己能学好。任何人都不愿做自己认为不会有成果的事，一旦有了这个信念，就不愿意在学习上多下功夫。第三，低效的学习方法。高效方法使学习事半功倍，而低效方法使学习事倍功半，甚至因看不到努力的成果干脆放弃。此外，学习方法带来的效率问题直接影响着孩子学习的感受和信念。第四，薄弱的基础。由于所学知识的连贯性，基础差必然会影响后面知识的学习。

要解决孩子不学习的问题，需要家长和孩子进行充分的沟通，了解孩子的症结所在，这样才能因材施教，切忌盲目指责。

2.孩子学习动力不足怎么办？

家长口中"学习动力不足"的孩子很多，这与学习上的"习得性无助"有关。

习得性无助是美国心理学家马丁·塞利格曼在1967年研究动物时发现的，他把狗关在笼子里，只要蜂鸣器一响，就给狗施加难以忍受的电击。狗逃避不了电击，于是在笼子里狂奔、屎滚尿流、惊恐哀号。多次实验后，蜂鸣器一响，狗就趴在地上，惊恐哀号，不再狂奔。后来实验者在电击前，把笼门打开，狗不但不逃，而且不等电击出现，就倒地呻吟和颤抖。

它本来可以主动逃避，却绝望地等待痛苦的来临，这就是习得性无助。为什么实验中的动物连"狂奔、惊恐哀嚎"这些本能都没有了呢？因为重复的失败让它们学到，那些挣扎是无用的，因而形成了对现实的绝望，以及无可奈何的行为和心理状态。

学生也是一样，每个学生都希望自己取得好成绩，也都为取得好成绩而努力过，有的学生或许是基础较差，或许是学习方法上的问题，或许因为评价标准的问题，他们没有看到自己努力的成果。逐渐地认为自己再也学不好这个学科了，有些人甚至会认为在学习上没有希望了，这就是学习上的习得性无助。

怎么破解呢？

人们习惯于用分数和名次来评价孩子的学习水平和学习态度。当孩子的成绩不理想时，家长和老师会自然地认为孩子的学习状态差、学习能力低。这样的评价很容易让孩子也认为分数没有提高时自己的努力就是无效的，因而产生"我学不会，我学不好"的限制性信念。一旦形成这种信念，就不再愿意在学习上多下功夫，成绩自然也会越来越差。

改变评价标准，由关注分数改为关注进步，让孩子看到努力的成果，这是破解学习上的习得性无助的关键。

还是举个例子吧。如果你的孩子背单词，4个字母的单词背对了3个，错了一个字母，你会给孩子多少分？

相信很多父母和老师会给孩子0分。那么，请你想一想，孩子背单词时付没付出努力？他的努力有没有收获？答案当然是肯定的。4个字母记住了3个，孩子付出了努力，并且他的努力是有效的。如果让孩子看到这一点，孩子会怎么样？

家长对孩子的努力给予积极、正面的评价，引导孩子"自己和自己比"，让孩子看到努力是有效的，就能避免"学习上的习得性无助",孩子在学习上也会越来越有动力。

3.孩子六年级,有厌学倾向,该怎么办?

通常情况下,父母和老师会把厌学的责任推给孩子,认为孩子不上进、不努力、不认真。在这种思想的影响下对厌学的孩子更多的是说教、批评和指责。虽说家长也清楚这样做往往于事无补,但出于无奈仍不得已而为之。

我认为,每个孩子都希望自己取得好成绩,每个孩子都为自己能取得好成绩而努力过。对于低年级孩子来说,之所以出现"厌学"情绪,是孩子在学习中遇到了困难。

如果我们认识到"厌学"的背后是孩子在学习中遇到了困难,就不会再指责、埋怨,而是积极地帮助孩子想办法、找资源。

孩子在学习上的困难主要有两个方面:

一方面,是学业上的困难。孩子厌学很可能是因为学业难度比较大,自己听不懂,在学习上找不到成就感,不相信自己能学会、能学好。针对这种情况,父母就要和孩子进行深入的沟通,找到孩子在哪些方面有困难,帮助他解决了困难,孩子就不再厌学。

另一方面,是心理上的困难。作业错误较多、考试成绩不好都有可能给孩子带来压力,当他自己不能排解这些压力的时候,也可能产生厌学情绪。针对这种情况,家长要理解孩子,帮助孩子认识到作业或考试中的错误并不代表失败,而是反馈,是进步的起点(详见"培养成长型思维的十大假设"),因为这些错误让你的学习更有针对性,对某些知识的理解认识更到位,学习效率也会更高。出现错误并不可怕,把错误改正了,把原来的知识漏洞补上了就是进步。当孩子把"错误"看作进步的阶梯时,学习会更主动、积极。

当然,良好的亲子关系是能有效帮助孩子的前提,多些理解、多些支持、多些沟通;少些埋怨、少些责怪、少些批评!

4. 三年级孩子开始厌学了,对家长和老师的话油盐不进!怎么办?

对于10岁的孩子来说,未来的学习之路还很长,遇到这种情况家长一定会很担心,也一定会很焦虑。带着这种担心、焦虑与孩子互动时,难免会产生负面情绪。就像这位家长"也训了,也打了"的做法,必然会让亲子关系更加恶劣。当孩子不怕打、不怕骂的时候,家长就无计可施了,这时又会产生深深的无力感,陷入一种恶性循环。

这种恶性循环必须打破,建议从以下三个方面入手:

第一,家长要意识到,出现这种现象是因为孩子遇到了一些困难,到目前为止孩子没有更好的方法应对,所以采用了不学习这种方式(任何行为对当事者来说都是最佳选择)。

第二,经营好关系,不要再指责、打骂孩子,要理解、支持、帮助孩子,多肯定孩子做得好的部分(包括生活的方方面面,参照前文"关注80%,还是关注20%"),只有亲子关系好了,你后面的引导、教育才会有效。

第三,家长加强学习,学会如何跟孩子进行有效沟通,只有这样才能找到孩子厌学的真正原因,你的帮助才会有的放矢,仅凭观察和猜测是远远不够的。

孩子的教育出现问题多产生于家长没有跟上孩子成长的脚步，只有家长成长起来，才能更好地帮助孩子成长。

5.小孩刚上一年级，遇到了一个严格的班主任，现在小孩严重恐惧，不肯上学，可否支招？

这是一个很常见的问题。有些老师认为，只有严格，孩子才会听话、才会学习，才能取得好成绩。所以，有些老师就采用"严格管理"这个策略，初心是好的。

但是，他们忽略了一个基本事实——孩子是有情感的，情感在学习中恰恰又是最关键的。当孩子恐惧时，大脑处于紧张的防御状态，简单的学习任务或许可以完成，面对复杂的学习任务时几乎不能独立完成，这也是家长辅导孩子写作业时，因态度过于严肃，给孩子讲几遍孩子还听不懂的一个重要原因。

最可怕的就是上面提到的情况——孩子恐惧上学。

老师严格要求是对的，方法是错的。严格的应该是制度，而老师执行时需要带着温度。

从家长的提问中可以看出，孩子已经恐惧老师了。遇到这种情况，家长首先要理解孩子，帮助孩子分析老师的行为的正面动机，帮助孩子消除恐惧心理，教给孩子和老师交流的一些策略，并和老师做好沟通，共同帮助孩子渡过难关。如果这样做了还不能消除孩子的恐惧，建议考虑转学。

6.当孩子的确不是读书的材料时，你是失望地放弃，还是包容地接受？

你是怎么判断孩子不是读书的材料的？读书的材料又长什

么样？

一般情况下，孩子们的智商没有明显差别，之所以在学习成绩上出现差异，主要源于学习方法和学习心理，很少有孩子受过专业的学习方法指导，有些孩子成绩好、学习相对轻松，或许是因为他幸运地"撞上"了一套高效的学习方法。而有些孩子则没那么幸运，长期用一种低效的方法在学习，虽然看起来很努力，但成绩就是不理想。

心理学研究表明，人的大脑通常习惯用视觉、听觉和感觉处理信息。有些人属于视觉偏好，他们习惯用视觉去处理和加工信息，这种人往往学得快，效果也比较好。

有些人属于听觉偏好，习惯用听觉去处理和加工信息。比如我们通常所说的死记硬背，就是在用听觉处理和加工信息，它的效果比视觉就要低很多。如果你留心的话，会注意到社会上的一些培养快速记忆的机构，教的就是用视觉来处理信息。

还有一类人属于感觉偏好，他们习惯用感觉加工和处理信息，这种类型的人学得就非常慢，学习效果也很差。

值得庆幸的是，上面我提到的只是"偏好"，而人的大脑的结构基本相同，也就是说感觉偏好的人，他的视觉有可能很发达，只是他不习惯用而已。了解了这些，我们就可以有意识地引导孩子，多利用视觉去学习、利用视觉去记忆，这样你会发现孩子的学习效率会有所提高，当然关于学习还有很多技巧，最好就是让孩子接受专业的学习方法指导。

再就是学习心态。有的家长在孩子学习上很急躁，当看到孩子的成绩不理想时，对孩子更多的是打压和负面的评价，这样会严重影响孩子的学习心态，让孩子把注意力过多地放在担心上，放在对老师或家长的防御上，逐渐产生"学习是痛苦的"感觉，孩子就开始厌学了。这时，不是孩子学不好，不是孩子不具备学好的素质，而是他厌恶学习时的感受，不愿意在学习上多花费时间，自然也不会取得好成绩。

（积极心态＋科学方法）×勤奋＝好成绩。

孩子成绩暂时不理想，选择放弃是不对的，包容也远远不够，更需要的是，家长和孩子一起想办法解决困难。

7.一年级孩子平时作业都能完成，周日家长布置的额外作业就是不做，厌学了，怎么办？

很多家长认为给孩子布置一些额外作业可以帮助孩子巩固所学知识、提高学习成绩。这种想法是很好的，但是同时忽略了一个最基本的事实——情感直接影响着学习效果。

很少有孩子会心甘情愿地接受这些额外作业。这些作业既加重了他们的学习负担，也减少了他们玩耍的时间。多数孩子会本能地抵触这些额外作业，在这种心态下，学习效果可想而知。

为了抵制这些额外作业，有的孩子直接跟家长发生冲突，有的孩子则应付了事，有的孩子则用边写边玩的方式延长写作业的时间，让家长感觉到他没有多余的时间来写额外作业，同时还能满足他玩的需求。

给孩子留额外作业，很容易使孩子厌学和养成作业磨蹭的习惯，因此不建议家长再留，家长应引导孩子把老师留的作业认真完成。如果要留，也要注意孩子的情绪。

8.女儿上高二，很懒，成绩倒数第七，家长该怎么办？还有机会吗？

世界上没有懒人。说女儿懒，想一想孩子在做她喜欢的事情的时候懒不懒？如果你告诉她明天早晨5：00去机场，一家人去旅游，孩子会不会很兴奋地早早起来？孩子有没有在看自己喜欢的书而废寝忘食的时候？

所谓的"懒"，是一个伪命题，特别是在当前的社会环境里。

家长说的是在学习上"懒"。不爱做作业，不愿意在学习上多下功夫……就是人们常说的学习动力不足。

前面提到评价孩子的学习动力应该从两个方面来看：一是学习动力，二是学习中的阻力。有时看到孩子的动力不足，很可能是孩子在学习中遇到的阻力比较大。

所以，我们应该帮孩子找出这些阻力，并有效地、逐步化解这些阻力。当我们帮孩子消除了阻力的时候，孩子自然就动起来了，这时孩子就不"懒"了。

此外，如果家长总是说孩子懒，孩子就会懒给你看，懒给自己看。

如果家长尝试着多看孩子在哪些方面勤奋，让孩子意识到她是一个勤奋的人。这样对恢复她的学习状态、改善她的生活状态都有好处。

提问：孩子还有机会吗？

如果家长和孩子都放弃了，一定没有机会。如果家长和孩子不放弃，一定会有机会。

9.孩子上课走神，家长快崩溃了，该怎么办？

如果家长崩溃能解决问题，就崩溃吧！

如果崩溃不能解决问题，就开始学习吧！

孩子上课走神，一般有以下三种情况：一是觉得老师讲得不重要（对他来说没有价值），比如有些孩子提前学习了，觉得老师讲的他都会，这时孩子就有可能走神，有的孩子觉得所学内容没有意义所以走神。二是听不懂，有些孩子前面的知识学得不扎实，听不懂了就走神。三是有些孩子可能专注于自己感兴趣的事情，一开始就没有进入上课的状态，致使后面的听讲会遇到困难。至于孩子上课走神属于哪种情况，还需要和孩子进行有效沟通，然后有针对性地对孩子进行指导。

三、关于学习方法

1.小学生总是记不住英语单词,该怎么办?

很多孩子记单词靠的是死记硬背,这样记得慢、忘得快。

通常所说的死记硬背,就是指单纯地利用听觉记忆,这种记忆方式的效果是比较差的。

人们通过视觉、听觉和感觉(包括味觉、嗅觉和触觉)来接收外界信息,同时通过内视觉、内听觉和内感觉来加工和存储信息,形成自己的记忆。因此,记忆除了通过听觉通道以外,还有视觉和感觉。

利用视觉记忆,效果要明显好于听觉。例如,你向楼下看一眼,然后闭上眼睛,就能说出楼下的很多景物、位置关系、具体样子,能写出一大堆文字,这就是视觉记忆的优势。如果将所记忆的单词有意识地和自己的情感联系起来,视、听、感觉相结合效果更佳。

比如说记忆单词beautiful(美丽),我们可以先按发音分段beau/ti/ful,然后在大脑中把这些字母组合想象出来,例如在大脑中想象一张纸，纸上写着这些字母，同时体会"美丽"的感觉，再把单词念出来，这样很容易就记住了这个单词。（参见前文"这样背单词更有效"）

2.如果孩子四年级还有好多字不会写，怎么改变这种状况？

四年级孩子好多字不会写是很正常的，对于新学的生字，要让孩子快速学会还是有简单方法的。

通常老师或家长采取的方法是让孩子多写几遍，甚至留惩罚性的作业，这样做很可能会引起孩子的厌烦。

记生字是有方法的。大家都知道，人脑通过视觉、听觉和感觉接收外界信息，同样也通过视觉、听觉和感觉回忆信息。比如说，请你想一想早晨吃的什么饭？相信你脑子里一定会出现画面、声音和吃饭时的感受。了解了这些，我们在教孩子回忆生字的时候引导他有意识地看清楚脑子里的生字，这对记忆生字很有好处。利用视觉记忆，孩子记生字不用一遍遍抄写，只需在大脑中看清楚即可！（具体方法可参考前文"写生字不再愁"）

3.孩子上二年级，每天都盯着他写作业，一题一题地跟他解释，为什么成绩就是提不上去？

让孩子一题一题地给你解释，讲给你听，孩子成绩就上去了。这就是高效学习法之一的费曼学习法。

4.造成孩子怕写作文的因素有哪些?

孩子怕写作文是一个非常普遍的现象。我就有亲身体验,我写作文可以用两个字来描述:一是"耗",二是"挤"。

耗,拿到作文题目就开始发愁,做思考状,内心陷入一种负面情绪中,逐渐地注意力转移,一直耗到不得不动笔才写。

挤,实在拖不下去了,又不知道怎么写、写什么,就开始"挤",这样的作文质量可想而知。

写出来的作文,立意不深,内容不具体,老师不满意,家长不满意,自己不满意,害怕同学看到。以后自然就不愿意写,怕写。

要解决孩子怕写作文的问题,先要让孩子敢写,然后才是写得好。

怎样才能让孩子敢写呢?

首先,要给孩子积极正面的反馈。可参考前文"关注80%,还是关注20%"中的作文辅导案例。

其次,要让孩子在写作文时得到成长感。一个题目可以写多次,孩子能从每次修改中感受到进步,这种感觉会给他写作文带来很大的动力。

总之,只要孩子开始写,就先肯定,敢写就比不写强。只要孩子敢写,家长和老师就毫不吝啬地抓住细节给予具体的肯定、称赞、引导,这样基本上就可以解决怕写的问题。至于如何让孩子写得更好,那就是下一步的事了。

5.我家孩子高三了，成绩却一直卡在100名出头，孩子每天都在刷题练习，就是效果不是特别显著。有什么好的办法帮助孩子突破瓶颈吗？

孩子高三，成绩100名出头，每天刷题练习，估计孩子肯用功，只是成绩没有显著变化。

类似这样的问题一般有以下两种情况：

第一，学习方法有问题，有些学生看似很努力，刷了很多题。但他在"努力"地重复做自己会做的题，对成绩的提高没有什么帮助。

做题的目的是查"漏"，通过做题查找知识和能力上的不足，并及时补救。建议孩子按下述方法建立错题本：在错题本上记录做错的题目和做题的时间，不用在题目下面写答案，如果要写，就写在其他页。隔三五天在保证短时记忆消失的情况下再做这道题，如果能做对就过关了，如果没做对，就再次标注好时间，三五天后再做，这样可以保证在练习中发现的错误得以纠正。

第二，并非孩子的努力无效，只是暂时没有在分数上显示出来。很多孩子努力了，但看到成绩或名次没有提高，会说学习遇到了瓶颈。其实不然，他在每天的学习中都有进步，只是考试时没有考到而已，所以暂时没有在分数上体现出来。就像你要登上更高的台阶，需要通过平地走到台阶前一样，在这个过程中，虽然没有看到你的升高，但是你一直在前进。

至于你家孩子属于哪种情况，需要你和孩子做一些沟通，只有这样，才能有针对性地对孩子进行指导。

四、关于考试焦虑

1.高考临近，越来越焦虑怎么办？

这是一种很常见的现象，主要源于孩子对未来高考的担心。

去年距离高考还有两个多月时，一个孩子找到我，自述学习压力大，考前一周就开始吃不下饭，睡不好觉，焦躁不安。特别是在第一次模拟考试前一天晚上，他翻来覆去睡不着，烦躁地把床单都撕了，几乎一夜未合眼。辅导时孩子说自己的焦虑指数是9（0-10），经过一次辅导（40分钟）后变成1。辅导前怕考试，辅导后盼考试。

让孩子想象未来的学习，他说："柳暗花明！"

我经过多年的辅导实践发现，考前压力大并非人们想象的那么难解决，只要找到根源，帮助学生调整好心态，问题自然能迎刃而解。

考试焦虑的学生，往往是比较要强（上进）的学生，他们特别希望能考出好成绩，同时过度担心"如果考不好会有什么后果"。他们会不断地问自己一句话："万一我考不好，该怎么办？"并且把考不好的后果在大脑中想象得栩栩如生：父母失望、老师失望、同学笑话……这些都会让孩子压力越来越大。找到了原因，解决起来也很简单，那就是让孩子想象："如果考好了，我可以得到什么？"父母的表扬、老师的肯定、同学的羡慕……并将这些画面非常形象地在大脑中呈现出来，这样孩子的焦虑程度就会有明显的减轻，再辅以考试及学习方法的指导，就能将焦虑化为动力。

焦虑是想出来的，也可以想回去。

2. 对考试感到非常焦虑怎么办？

上高二以后考试越来越频繁了，有时候我还没掌握好知识点就考试，时不时地会考得很差。再加上同学老爱跟我攀比，我考差了就嘲笑我。所以，我现在一听到要考试就特别烦躁，怎么办？

焦虑是想出来的，你也可以想回去！

你的焦虑主要来源于同学间的攀比和考不好时同学的嘲笑。每当你想到这些时，焦虑就会增加。

要想解决这个问题，可以从以下两个方面入手：

一是明确考试的意义，考试不仅仅是检测，更重要的是反馈。平时考试成绩的高低对你没有绝对意义，考得再好也不可能计入你的高考总分，而考试中发现的知识漏洞却可以让你取得更大的进步。因此，考试没有失败，只有反馈。

二是如果想到考不好时同学会嘲笑你，可以闭上眼睛，把自己想象得高高大大，然后低着头看那些嘲笑你的同学，你的感觉会有很大变化。

五、关于成长型思维培养

1.一年级成绩总是90分左右,孩子算是差生吗?

一年级孩子经常考90多分,说明孩子已经掌握了大部分所学的知识,孩子已经付出了努力,也有收获,应该给予肯定。

然而很多家长心中的标准是双百,看到别人的孩子考双百,既羡慕又嫉妒,因而对自己孩子的90分多表现出不满,不论是否说出来,孩子都能感觉到。

过度关注分数很容易让孩子形成固定型思维,会以分数的高低论英雄,以后在学习中一旦觉得自己考不出好成绩来就会多一分担心,很容易造成考试焦虑,进而影响正常水平的发挥,甚至会产生厌学情绪而形成恶性循环。

如果家长在孩子考试后及时肯定孩子的努力,并引导他看到努力的成果,孩子就会更自信,学习兴趣也会更高。接下来再和孩子一起做试卷分析,看看哪些地方丢了分、通过这次考试可以取得哪些进步等,这样不仅弥补了孩子知识上的不足,也培养了孩子的成长型思维。

积极正向的评价,可以使孩子更自信、更有力量。责怪、批评或通过愧疚感激励孩子,短时可能有效,但很可能给孩子今后的学习埋下隐患。

所以,当孩子考90分左右,即使排在班级较靠后的名次,也不能说是差生。坚决不能给孩子贴上"差生"这个标签,要用成长型思维对待孩子的考试成绩,不论孩子考多少分,都是帮助孩子进步的机会。

2.16岁男孩,在重点高中的重点班,成绩优秀,突然不去上学了是为什么?

很有可能是孩子头脑中的固定型思维在作怪。有关固定型思维的内容可参考前文"成长型思维和固定型思维"部分。

持有固定型思维的孩子,很在意自己在别人的眼中是否聪明,甚至有的孩子为了维护"聪明"宁可放弃努力。我曾经辅导过一个高二的学生,成绩较差,但他不愿意努力,因为在别人眼中,他"很聪明就是不用功",他担心如果用功了,成绩还是上不去,别人会觉得他不聪明。不要笑,这是我的亲眼所见,孩子想的东西往往不是大人能够猜到的。

孩子原来成绩很优秀,是别人眼中的"优秀学生",老师欣赏、同学羡慕,他很享受这种"荣耀",也会为此而努力。这样的孩子往往很自信,在学习上也很自觉,在家长和老师眼里也很要强,他一般也能保持这种优秀。而当他在学习中遇到困难或偶尔一两次考试成绩不理想时,原有的自信就会动摇。他一旦认为自己的优势不能保持了，便开始担心别人对自己的看法。这时，他很可能选择放弃努力不再去上学，这样就给自己考不好找到了一个合适的"理由"，以此来维护自己的"聪明"。

3.为什么有的孩子爱抱怨？

抱怨是把责任推给别人的最直接的方法，通过转嫁责任可以让自己更舒服一些。

在与孩子沟通时，家长要注意抱怨的背后隐藏着孩子的需求。比如孩子说："都怨你，要不然这件事儿我就可以做得很好。"这个抱怨就意味着孩子希望把这件事做好。所以，家长首先要看到孩子抱怨后面的积极需求。

要改变这种状态，培养孩子的成长型思维是一条可行的途径。告诉孩子：大脑神经元链接的形成与加深，大多数是在做一些困难的事和犯错误的时候，而不是一次次重复做简单的事情的时候。因此，困难是成长的机会，失败是进步的开始。愿意接受挑战的人，更能享受到克服困难过程中的快乐。

如果孩子认为困难和错误可以让自己变得更聪明，可以让自己有更多的收获，就不会因遇到困难或遭遇挫折而心生抱怨，而是积极地抓住这些使自己成长提高的机会。

培养成长型思维，是很好地帮助孩子树立自信、让孩子停止抱怨的有效途径。

4.当下，孩子的期中考试成绩即将或者已经知晓。对此，你有哪些感触？

家长们都非常重视孩子的成绩，认为孩子的成绩是对一个阶段学习水平以及学习态度的检验，更是判断未来发展的重要依据，这种认识有一定的道理。同时由于有些家长过度关注孩子的成绩而忽视了考试带给孩子的反馈，这就让孩子失去了一次快速进步的机会，这是很遗憾的。更有甚者会因为孩子成绩不理想与孩子发生激烈的冲突，这样不仅不能提高孩子的成绩，还会起到反作用。

从培养孩子成长型思维的角度来看，考试是一种高效学习的手段。考试没有失败，只有反馈。

考试可以带给孩子三个方面的反馈：

一是知识上的反馈。通过考试可以发现知识方面的漏洞与不足，这让学习更有针对性。

二是考试心态上的反馈。通常情况下心态越积极，考试越容易发挥出自己的水平。考前如果有过多的担心，会影响水平的发挥。学生可以通过反馈，找到能够充分发挥出自己水平的考试心态的调整方法。

三是考试技术的反馈。考试需要技巧，考好了需要技术，先答哪些题后答哪些题，考试时间如何分配，这都需要技术。而这些，需要通过实战来体会。

综上，对于已经进行完的考试来说，成绩不是最重要的，拿到反馈的价值更有意义。

5.孩子每次犯错就害怕跟我们说，怕我们会指责他。他现在小学二年级，我们该如何指导他呢？

家长意识到这个问题就是很好的开始。

之所以会出现这种状况，与家长平时指责过多有关。

引导孩子建立成长型思维，孩子心里就会更安全，进步也会更大。

很多家长习惯用"纠错式"教育，他们有一条假设：纠正了孩子的不足，孩子就可以变得更完美，纠错是最节省成本的教育方式。然而他们忽略了一个基本事实——当你频繁纠错的时候，孩子就会觉得自尊心受到了伤害。因此，有些孩子为了避免被批评，不愿在家长面前展示最真实的自己，甚至会用撒谎来掩盖自己的错误。当然也有些孩子为了不犯错误，会在做事时畏首畏尾，在困难面前采取回避的策略，这样会严重影响孩子能力的发展。

成长型思维认为，孩子犯错是必然的，孩子是在试错中成长的。家长应意识到孩子犯错误是教育孩子使孩子成长的最好时机，在孩子犯错的时候对孩子的教育更有针对性，支撑孩子以错误为台阶不断成长。

如果家长拥有了成长型思维，就会以积极心态面对孩子的错误，不会为此而苦恼，在与孩子沟通时态度会更平和，沟通也会更顺畅。孩子感受到家长的这份平和，逐渐地，对错误的恐惧也会消失。

关注孩子做得好的80%，在孩子遇到困难时给予孩子理解、支持和帮助，让孩子的心理更安全。

6."差生"之痛谁能理解？如何摘掉班级中"差生"的标签？

这问题提得非常好，从题目中不难看出，题主对差生这个标签是有思考的。

身份会影响行为，人们往往会做出与身份相符的行为，当一个孩子认为自己是差生的时候，他的行为就会不自觉地与差生这个身份相匹配。我曾经辅导过一个重点高中的高三男生，这个学生在高一入学时成绩非常优秀，由于一开始不适应高中生活，在节奏上常常比别人慢半拍，经常被老师批评，学习成绩也受到了影响。在辅导时，孩子告诉我，到高二时，他就认为自己是一个坏学生，给自己贴上了坏学生的标签，于是开始留长发，处处跟老师对着干。成绩下滑得很快，高三时还出现了比较严重的心理问题。可见，身份对一个人的影响是巨大的。

老师眼中的差生，一般有这样三种情况：有的是学习成绩差；有的不遵守学校的规章制度，经常犯错误；再有就是学习和纪律都差。

如何去掉差生这个标签呢？我建议老师从"关注学生做得好的80%"入手，发自内心地欣赏和肯定孩子做得好的，并努力创造让孩子体验到价值感的机会，逐渐给学生一个"高自尊"的身份，让孩子从精神上立起来。同时，着力培养孩子的成长型思维，把犯错误看作成长的机会，并抓住使之获得提升。当家长和老师都能看到孩子的进步并及时给予肯定的时候，差生的标签自然就被揭掉了。

7.孩子聪明，但不用到读书上面，怎么办？

家长说的聪明跟读书没有任何关系。也许孩子在其他方面是"聪明"的，孩子在读书方面并不"聪明"。

之所以把聪明加上引号，是因为你所谓的聪明指的是孩子在某些领域更擅长，我觉得用能力这个词来表述更恰当。比如待人接物时表现得很得体，动手能力很强，等等。

孩子成绩不理想，往往是孩子在学习方面缺乏一定的能力。比如说学习方法低效、面对学习中的困难习惯性退缩等。

很多家长经常说一句话："我们孩子很聪明，就是不用功。"这样的话，孩子听起来会很舒服，孩子会认为在父母眼里他是聪明的，成绩不好是因为我没有学习。他很可能为了维护自己在别人眼中的"聪明"而放弃努力，所以这样的话一定不要对孩子说。

如果孩子成绩不理想，建议家长和孩子一起分析原因，同时看一看孩子在哪些方面遇到了困难，家长和孩子一起面对困难、一起解决困难。

8.据报道，一个15岁男孩从高层坠楼身亡，疑因考试没考好想不开。你怎么看？

如果家长和孩子拥有了成长型思维，这样的悲剧就可以避免。

如果孩子和家长都能树立"考试没有失败，只有反馈"的意识，这样的悲剧就可以避免。

很多人认为考试的功能就是检测。考试是检测一个人学习水平、学习态度以及预测未来的重要参数，因此不论是孩子还是家长都很重视分数,分数也给孩子带来了巨大压力。

成长型思维认为,考试是一种高效学习手段,考试的意义在于反馈。通过考试可以得到知识上的反馈、心态上的反馈和技术上的反馈。利用这些反馈,可以使学习更有针对性。

孩子因为没考好跳楼了,原因是多方面的,可能与他的固定型思维模式有关,也可能与环境带给他的压力有关……

如果父母和老师在孩子学习和生活中遇到困难时,能够接纳和理解他,把困难看成进步的机会、迅速成长的机会,并将这种观念深植于心。家长和老师站在孩子身后支持和帮助孩子,让孩子始终保持一种理智、乐观的态度对待学习中的不足与失败,把失败视为反馈,通过反馈不断地改进、提升自己,这样的悲剧就可能避免。

9.一年级期末成绩出来了,语文94分,在班级里还是倒数。该怎么办?头疼!

这个分数也就不错了,说明孩子把学过的东西基本上都掌握了,家长不必为此忧虑。

你提到的在班里还是倒数,这种评价对孩子的伤害是最大的,它直接影响着孩子的自信,进而影响孩子对学习的兴趣。

遇到这种情况,家长可以和孩子好好分析一下。先明确地告诉他,他已经把老师讲过的内容基本掌握了,让孩子有一种成就感。接下来和孩子一起看一看那几分是怎么丢的,一起把问题解决掉,再给孩子用红笔打一个大大的100分。告诉孩子:"你也得了100分,只是比别人晚了些而已,重要的是在改正错误时你有了新的进步,我为你感到高兴。"

这样，孩子就能把错题转化为进步的阶梯，会越来越自信，同时通过这次考试，他也有了收获。

切忌批评、指责、打骂。要让孩子意识到，成绩只代表过去，进步可以创造更美好的未来。要关注自己的进步，学会自己和自己比，这样比，比出来的是干劲。

小学阶段保护孩子的学习兴趣比考满分更重要。

六、关于叛逆、游戏

1. 11岁孩子逆反、暴躁、厌学、自卑，怎么办？

这属于成长性问题，这类问题不是三天两天形成的，正所谓"冰冻三尺非一日之寒"，解冻也非三两天的事，更不要希望通过谁给你支个招就把问题解决了。唯一的方法就是家长学习，只有家长通过学习，提高了自己，才能更好地帮助孩子。

孩子逆反——是不是提示家长应该多听听孩子是怎么想的？如果家长肯倾听而不是急于否定，会不会好些呢？（参见前文"你逆反了吗？"）

厌学——孩子往往是厌恶学习时的感受，是不是意味着学习带给他的感受很不好呢？他在学习中的"成就感、被欣赏、被鼓励、被支持"比较少呢？

脾气急躁——是什么让他脾气急躁？是他觉得自己想要的东西得不到？是担心家长的批评指责？还是遇到了自己能力难以胜任的挑战或压力？除"急躁"之外，家长教没教孩子其他的表达情绪的方法？

自卑——是不是对孩子否定过多？是不是过多地关注了孩子"做得不好的20%"？家长发自内心地欣赏过孩子吗？

孩子不是孤立的个体，家长、学校、社会都是他成长的环境，都在影响孩子的成长，孩子的行为出现了"问题"，家长不能只盯着孩子的行为想办法，改变他成长的"生态系统"更有利于问题的解决。

2.你认为当代学生沉迷游戏的最大因素是什么？

试想什么样的孩子容易被手机控制？是经常被肯定、被鼓励的高自尊的孩子，还是经常被批评、被指责的低自尊的孩子？是视野开阔、兴趣广泛的孩子，还是生活中除了学习就是玩游戏的孩子？是成长空间较大的孩子，还是一切服从父母安排的孩子？

孩子沉迷于游戏的原因很多，有一种情况也是家长们容易忽略的情况，就是在孩子成长过程中，家长包办得太多，没有为孩子的成长预留空间。孩子在成长中缺乏对生活的完整体验，他是通过游戏在寻找自我。

生活中没有自主空间，游戏中有；

生活中不能自主选择，游戏中能；

生活中没有价值感，游戏中可以找到；

生活中没有成就感，游戏中可以有；

生活中不能肆意妄为，游戏中可以；

生活中不能失败，游戏中失败了可以从头再来；

……

此外，如果在孩子的生活中只有学习和游戏，当学习压力比较大时，他就会选择通过游戏缓解压力。

很多人认为孩子是因为玩游戏而厌学，与此相反，我觉得有一部分孩子是因为厌学而玩游戏。如果厌学问题得到解决，玩游戏的问题也能迎刃而解。

3. 14岁的孩子不听话，该怎么教啊？

听话真的那么重要吗？如果孩子始终听你的话，他怎么可能超越你？

很多家长把孩子不听话看作叛逆的标志，如临大敌。真是这样吗？

孩子在小的时候没能力、没能量、有需求，他渴望得到父母的爱和帮助，在这种情况下，一方面他智慧地选择了用听话来迎合父母，以满足他的需求。另一方面，他在能力不足的情况下选择听父母的，也是一条捷径。所以孩子小的时候很听话，不"叛逆"。

随着孩子年龄的增大，知识的增长，能力的提高，视野的开阔，孩子变得有一些能力、有能量了，同时对一些事物也开始有自己的判断和想法了。这时孩子就会有按自己想法去尝试的冲动，自然就有可能不再听父母的话了。因此，孩子不听话是他长大的标志。如果家长懂得这一点，帮助、支持孩子，相信所谓的逆反就不会发生，孩子得到了成长，亲子关系也越来越密切，家庭也越来越幸福。

因此，家长要关心的不是孩子不听话该怎么教，而是要学会如何跟孩子进行有效沟通。（参考前文"你叛逆了吗？"）

4.我是一名13岁的初中生，现在特别讨厌我爸爸，我是不是到青春期了？该怎么办？

在你3岁的时候讨厌你爸爸吗？估计不会的。因为在小的时候你没能力、没能量、有需求，爸爸能够满足你的需求，所以往往是变着法子拍父母的"马屁"，当然对父母有一种亲近感。

现在你讨厌你爸爸，是因为你长大了，你的知识阅历都有了很大的提升。这时父母不再是你小时候眼中无所不能的"神"。他们身上的种种缺点你也能辨别出来了，他们开始走下神坛。

你能提出这个问题，想通过别人的建议改变这种情况，足见你很懂事，我很喜欢你这个态度。

没有人是神，没有人是完美的。当然你的父母也不可能是完美的。正是这对不完美的父母养育了你，作为子女的你多去感受父母对你的爱，而不是看他们是否完美。

我建议你多去看看父母身上你觉得好的方面，多去包容他们在你眼中的不足。这样，你父母是快乐的，同样你也是快乐的。

也许你讨厌你的父亲，是因为他太唠叨。面对他的唠叨，你可以选择听，也可以选择不听，更可以有选择地听。中国人讲孝道，孝敬是必须的，孝顺就要区分具体情况，不论你选择听还是选择不听，心中都要有一份敬意。

七、关于亲子关系、师生关系

1.你怎么看待"父母是原件,孩子是复印件"这句话?

我非常反对这种说法。如果真是这样的话,孩子怎么能超过家长?因为复印件永远不会比原件更清晰。

"父母是原件,孩子是复印件"这句话让很多家长感受到了压力。

家长是孩子成长的背景,是孩子成长的资源,家长的言行会对孩子产生影响,孩子会不自主地模仿家长的行为。但如果说家长是原件、孩子是复印件就有些过了,其实孩子在家长身上学到的要比从其他渠道学到的少很多。

因此,家长要找到教育的关键点,如基础价值观的建立、自信心的建立、爱上阅读、热情、感恩,等等,为孩子成长打好基础。

2.如果孩子不懂得感恩怎么办？作为父母应该如何教育自己的孩子呢？

孩子不懂得感恩是因为你为孩子做得过多，孩子为你做得过少。

孩子越用越懂事，要让孩子感恩，就要培养孩子的价值感。

孩子小时候最需要的是爱，随着孩子逐渐长大，会产生另一种心理需求——价值感。所谓价值感，就是"我是有用的""我是有价值的"。

很多家长对孩子照顾得无微不至，这样孩子会觉得你照顾他是理所应当的，与"恩"无关，甚至略有不周就会不满意，这时家长会觉得孩子不懂事了。同时，照顾得无微不至很容易使孩子产生无价值感，当孩子到了一定年龄后，就会思考"我活着的意义是什么""我有什么用？"，很多青少年的抑郁症就是因为觉得自己无价值。

帮助别人是快乐的，因为帮助别人的时候会得到价值感和成就感。同样当孩子帮助家长的时候，他会觉得父母是需要他的，他是有价值的。如果在这个时候家长给孩子一些积极的回应，会强化他的这种感觉。

把孩子照顾得无微不至是盲目的爱，为孩子实现价值感创造机会是智慧的爱。（详细论述请参考前文"价值感是孩子的生命动力之源"）

3. 父母如何学会尊重孩子？

这是一个很好的问题，很多家长认为，"你是我生的，你就得听我的！"正是这种逻辑使得很多家长"虽然很爱孩子，但不尊重孩子"。

纪伯伦在《孩子》中提到：

> 你的孩子，其实不是你的孩子
>
> 他们是生命对于自身渴望而诞生的孩子
>
> 他们通过你来到这世界，却非因你而来
>
> 他们在你身边，却并不属于你
>
> 你可以给予他们的是你的爱，却不是你的想法
>
> 因为他们自己有自己的思想
>
> 你可以庇护的是他们的身体，却不是他们的灵魂
>
> 因为他们的灵魂属于明天
>
> 属于你做梦也无法达到的明天
>
> 你可以拼尽全力，变得像他们一样
>
> 却不要让他们变得和你一样
>
> 因为生命不会后退，也不在过去停留
>
> ……

要尊重孩子，家长首先要意识到，孩子和你一样，是家族延续中重要的一环，是独立的生命个体。

其次，尊重的前提是理解。NLP认为：任何行为背后都有积极动机。孩子无论做出何种行为，都有属于他（当事者）的积极动机，因此，对待孩子的行为，要先看动机再看结果。

再次，允许孩子犯错误，孩子是在试错中成长的，孩子犯错误恰恰是帮助孩子成长的大好时机。

如果父母能做到站在孩子身后，理解、支持、帮助孩子，孩子就会感受到家长的尊重。

4.班主任很讨厌我怎么办？

还好是班主任讨厌你，不是你讨厌班主任！如果你讨厌班主任，在和班主任相处时你自然会不舒服，他讨厌你是他更不舒服。你把这个问题提了出来，说明你想解决这个问题。

我给你讲一个真实的案例，或许会对你有启发。有一个女孩，高考考上了清华大学。在上高三第一学期的时候，她是一班的班长，英语老师是她的班主任，老师很喜欢她。第二学期学校把她转到了二班，很巧的是她原来的班主任正好教二班的英语，且对她转班的事很不满，于是就不再搭理她，言语上也带着一些情绪。让人没想到的是，这个女孩没有被动接受这些，而是利用下午自习课的时间去英语老师办公室问问题，不管老师态度怎么样，她每天都去，一直到老师像以前那样喜欢她。

凡事发生必有助于我！你可不可以把班主任不喜欢你，看成发展自己、锻炼自己、提高自己的一个机会？

想一想，你做些什么、怎样做，班主任会喜欢你？

孔子曰：人不知而不愠，不亦君子乎？

即使班主任不喜欢你，你仍然可以成长得很好。

5.我很讨厌语文老师怎么办？

在辅导中，我经常会遇到类似的问题。

如果你讨厌语文老师，那么在上语文课的时候可能就会有些负面情绪，如果不及时调整很可能影响你的语文成绩。

"人要对自己好点儿"，既然讨厌老师带给你的是负面情绪，同时影响着你的学习成绩，那么就要主动调整自己的心态。

我曾经辅导过一个初二的男生，他很讨厌物理老师。在辅导时我问他："物理老师做了什么使你这么讨厌他？"孩子回答说："有一次我没完成作业，老师让我在后面站着听了一节课，还有就是……"我接着问他："如果你是一名物理老师，有一个学生没有完成作业，你让他站着听了一节课，你为什么会这样做？"他说："为了他能完成作业。"我接着问："如果他按时完成了作业，对他有什么好处？""他的成绩可以提高……"说到这里的时候，他意识到原来物理老师这么做也是为他好。

我想，你讨厌语文老师也很可能是因为某些事，换位思考，想一想老师为什么会那么做。找到老师行为的积极动机，或许你能释然。

此外，尝试看看老师身上有哪些"优点"，老师身上有哪些值得你欣赏的地方。

如果还不能理解老师，就请你思考一个问题："怎么做，我可以把语文学好？"这样，可以把你的损失降到最低。

6.如何对待撒谎的孩子？

孩子撒谎并非"十恶不赦"，也并非"品质"问题，有家长担心孩子撒谎将来会不诚实，其实这种担心是没有必要的。想一想，成人就不撒谎吗？我们是不是每天也在撒谎？

任何行为背后都有对当事人而言的积极动机。

在对待孩子撒谎时，应通过沟通或换位思考找到孩子撒谎的积极动机。有些孩子撒谎是为了逃避惩罚，有些孩子撒谎是为了让自己多玩一会儿，有些孩子撒谎是怕父母或老师担心……

找到了积极动机之后，在沟通时要遵循"先跟后带"的原则，先跟一下孩子的动机："你撒谎是担心爸妈或老师惩罚你吧？""你撒谎是想多玩一会儿吧？""你撒谎是怕我们担心吧？"这样，孩子会觉得你理解他，同时也愿意和你继续沟通。

接下来和孩子一起分析"撒谎"这个行为的后果，看看这个后果是不是大家希望看到的，如果不是，说明撒谎不是好行为。

随后跟孩子一起分析，以后遇到这种情况除了撒谎还可以怎么做？找出更好的替代方案来，这样，将来孩子再遇到类似问题时就会有更多选择。

如果孩子撒谎造成了不良后果，和孩子一起探讨如何做出补救。

相信通过这样的沟通，孩子会对撒谎有正确的认识，孩子通过这次"撒谎"也得到了成长。

7.为什么一些老师只喜欢学习好的孩子，难道成绩差就要被讨厌吗？

这是一个很有现实意义的问题。这种状况的确存在，虽说对老师有师德规范要求，但老师毕竟是普通人，也有七情六欲，也有自己的好恶。当然，不论成绩怎样，每个孩子都有享受公平对待的权利，都有权利享受平等的学习教育条件，所以很多老师是能够做到对孩子一视同仁的。

我觉得问题的关键不是老师喜欢什么样的孩子，而是你把自己当成了一个受害者。

对同一事物，不同的人，认识不同，感觉不同，结果也不同。

我曾有一个学生，初中阶段成绩很差，初三的时候问物理老师一个问题，老师说了一句："连这样的题都不会做，你别难为我了。"正是这句话让他发奋努力，一定要考上重点高中给这个老师看看，结果他如愿以偿，现在是北大教授。

上文中提到的清华女孩在高三时，原本很喜欢她的英语老师对她有点儿误会，不再搭理她，她每天下午自习课时间都去找英语老师问问题，坚持了一个多月，直到这个老师像以前那样喜欢她为止。

老师是否喜欢成绩差的孩子不重要，重要的是你的应对心态。

8.孩子被老师处处针对怎么办？

家长遇到这种情况一定很揪心，同时由于顾及老师的面子，在解决的时候也会觉得有些棘手。我的建议是：

第一，要充分了解情况。要和孩子了解情况，和老师了解情况，和孩子的同班同学了解情况。这样为下一步和老师沟通做好准备，不能听孩子的"一面之词"。

第二，和老师做深入的沟通。沟通时，没必要强调谁对谁错。把你的担心和困惑以及你的期待对老师说出来，沟通时要真诚。

第三，如果第二步无效，或者没有达到你的预期，建议你找相关的领导反映问题，如果领导解决不了，态度可以强硬些，总之不能让这种状态持续下去。

第四，教会孩子应对方法，告诉孩子永远不要把自己当成受害者。不论是现在在学校还是将来走向社会，总会有一些东西是我们不能改变而又必须面对的。虽然我们不能改变事情的本身，但是我们可以选择对待事情的态度。建议你和孩子一起分析一下，通过这件事，他可以得到哪些成长。

第五，我还要提醒一点，孩子的感觉未必是真的，充分了解情况是非常必要的。

八、关于沟通

1.我的孩子被同学孤立怎么办？

这是一个很好的使孩子成长的机会，孩子被孤立往往是由于孩子缺乏和他人交往的能力，建议家长和孩子好好找一找被孤立的原因，找到孩子能力上的不足，比如：过于在乎自己的感觉，不习惯站在别人的角度思考问题，说话不计后果，在和别人交往中过于看重自己的利益等。

找到原因后，家长可针对性地对孩子进行指导，通过家长的帮助，当孩子逐渐掌握了和他人相处的技巧，具备了相应能力时，问题自然迎刃而解。切忌盲目指责埋怨。在孩子遇到困难时，家长要站在孩子身后，和孩子一起面对困难。

2.7岁的男孩不喜欢分享，别人动他东西就生气，家长威胁说不分享就不再爱孩子了，做法对吗？

由问题不难看出，家长希望孩子分享，因为家长觉得孩子分享的同时可以得到一些更大的价值（比如说友谊），那么在沟通时，家长要把分享的价值讲给孩子听。

以下是我做的一个个案。

抢金币的烦恼

一个五年级小男孩来到咨询室寻求帮助。

"老师，我们听读英语的平板上有一个游戏——抢金币。今天我的同学抢走了我6个金币，这些金币是我的劳动所得，我不希望同学们跟我抢！"

"你找我是希望我帮你把金币要回来吗？""不是的，我只是心里不舒服。"

"你是怎么看待这件事情的？""我不愿意别人抢我的金币，毕竟是我的劳动成果。"

"还有呢？""抢金币是一种沟通方式，同学们玩玩也可以。"

……

"你觉得上面几种理解方式哪种更好呢？""我还是觉得第一种，别人抢了我的会不舒服。"

"告诉老师，听读时除了给你带来金币奖励以外，还有什么？通过听读，你的英语水平是不是提高了？"

"是。我的英语进步挺大的。"

"你英语学习的进步和得到的金币两个比起来，哪个更有价值？""进步。"

"相差多少？""进步的价值是金币价值的17倍（我也不知道17倍是怎么算出来的）。"

"所以说，英语听读的真正价值是英语学习的进步，金币只是小小的奖励，拿这些小小的奖励来和同学们娱乐一下，可以吗？""可以，我也可以跟同学们抢着玩儿。"

"现在想想同学抢了你6个金币，心情怎么样？还难受吗？""不难受了，我也可以抢他们的。"

辅导前，孩子觉得金币是他的劳动成果，他很珍惜自己的劳动成果，这是孩子的价值观。当别人的行为与自己的价值观冲突时就会感到不舒服，让孩子看到听读对他的最大价值不是金币而是自己的进步，孩子就释然了。

3.一年级小朋友总被同学要东西，他自己心里也难过，该怎么教育他？

孩子在成长过程中会遇到各种各样的问题，作为家长，要认识到孩子遇到问题是很正常的，正是这些问题使孩子得到成长。

家长可以针对这个问题跟孩子做一次深入的沟通。

沟通时遵循"先跟后带"的原则。

先"跟"孩子的情绪："总有同学跟你要东西，你心里很难过是吧？"这时孩子会觉得家长是理解他的。有些家长不懂得要"跟"，一上来就发表自己对这件事的看法，有些家长甚至会对孩子说："这有什么？不就一点儿东西吗？你这么难过值当吗？"类似的言语都是在否定孩子的情绪，孩子感受到的是你对他的不理解、不认同，有些孩子会觉得自己很委屈，甚至不再跟你沟通。

"跟情绪"是很好的父母和孩子建立亲和感的方法。

接下来和孩子一起探讨以后如何面对这类问题，你可以问孩子："他跟你要东西，你是怎么做的？"这时孩子会把他的做法告诉家长，接下来你就问："除了这样做，我们还可以怎么做呢？"这时孩子可能就会想到第二种方法，家长把这些方法都记录下来，继续问："还有呢？""还有呢？""如果还有的话，会是什么呢？"在这个过程中家长引导孩子拓展思路，就可以找到更多的解决方法，这就是我们通常说的"头脑风暴"。当然，如果你有好的建议，也可以在这时候提供给孩子，然后和孩子一起选出更好的应对策略，在这个过程中孩子就得到了成长。

按上面步骤沟通的好处：一是通过"跟"让孩子觉得你是理解他的；二是通过头脑风暴让孩子对这个问题有了更深入的思考，锻炼了孩子的分析能力；三是让孩子感受到了父母对他的支持。

4.各位家长，早上你们都是怎么叫孩子起床的？太困难了！

孩子起床困难是因为你每天都叫他起床。

家长之所以每天都要叫孩子起床，一方面是对孩子的关心，另一方面是对孩子的担心。关心孩子，想让他多睡一会儿；担心孩子，怕他上学迟到。

当你决定要叫孩子起床的那一刻，你就把孩子迟到的责任揽到了自己身上。不仅你每天要记得叫他起床，而且一旦他由于磨蹭迟到了，还会把责任推给你。

解决这个问题的最好的方法就是不再叫他，让他自己负起责任来，如果有特殊情况确实需要你叫他，让他来"求"你。这样做家长可能有一分担心，如果我不叫他，他迟到了怎么办？迟到就迟到吧，让他承担迟到带来的后果，这样孩子还多了一份生活体验。有了这个体验，他就会自己想办法找资源确保不迟到。

在家庭教育中，非常重要的一点就是给孩子的成长预留空间，让孩子完整地经历这个过程。

后记：知识用了才有力量！

《学NLP，做智慧父母》和《方法对了，教育就简单了》两本书合起来，囊括了我近年来"NLP与教育整合"研究的大部分内容。《学NLP，做智慧父母》侧重亲子教育理念和沟通技术，《方法对了，教育就简单了》侧重学习指导和个人成长，二者既自成体系又相辅相成，推荐各位朋友在读的时候互相参考。

读心理学的书籍不同于文学作品，其中的理念和方法不仅需要读者思考，更需要认真体验和反复实践。"知识只流过大脑没有经历体验，那只是美丽的传说。"知识只有用了才有力量。

有一句谚语："读了很多书，但是不用的人就像驮着书的驴子。"也有人说，读了很多书但不会用的人就是"长了腿的书橱"。书读了，不用是没有力量的。

我也曾写过一个小段子《笑话江湖》：

赵君（名二括）出身名门望族，从小娇生惯养，怎奈少年时父母惨遭杀害。为躲避仇家不得已更名改姓，以乞讨为生，尝尽人间疾苦，品尽世态炎凉。

忽一日被仇家追杀，不幸坠入深谷。然老天眷顾，非但未殒，反于山洞得武林秘籍《九阳宝典》。秘籍记录功法之神奇：小成可内气充盈，力大无穷；大成则刀枪不入，毙高手于举手投足间。

赵君看罢大喜，阅后即怀揣宝典寻仇家复仇。仇人相见分外眼红，赵君拿出宝典砸向仇家，然仇家并未因之丧命，窃以为刀枪不入之赵君被一剑刺穿……在命丧黄泉之前刻，赵君内心无比悲凉，大呼上当——宝典系赝品。

在这个网络发达的时代，"学习"的渠道越来越多，人们似乎可以轻易学到任何知识。然而，很多人的学习止步于"学过"，这不仅不会使人进步，反而因学过的"幻觉"，成为进一步学习的障碍。

有位虔诚的佛教徒，每天苦读佛经，废寝忘食。很多年下来，他能够把许多经典倒背如流，别人说一句经文，他就能指出这句是出自哪部佛经。可是尽管如此，他还是觉得自己有无尽的烦恼，总也达不到解脱的境界。

有一天，这位佛徒实在不堪苦恼，就去求助寺里的高僧。他说："大和尚，我对佛经烂熟于心，修为不可谓不深，为什么还是无法脱离苦海？"高僧说："你晚上再来吧！"

到了晚上，皓月当空，清辉皎洁。这人来到寺里，高僧说："今晚月色怡人，正好赏月。"两人来到庭前，高僧以手指月，说："看！"那人便顺着高僧手指指示的方向仰头望天，看见圆月，赞叹不已。

高僧说："你看到了什么？" 那人答道："一轮明月。"

"为什么不看手指？"

"我们不是来赏月的吗？"

"如果有人不看月亮，只看手指，你怎么说？"

"我说这是愚人。"

"如果有人甚至把手指当成真正的月亮，你怎么说？"

"我说这更加愚妄。"

"那么你认为念经就能解脱，是不是只看到手指而没看到月亮？是不是把手指当成了月亮？"这位佛徒恍然大悟，从此不再死记硬背佛经字句，最终有所开悟。

孔子说："学而时习之，不亦说乎？"老祖宗告诉咱们，学了经常去用、去体验是一件很快乐的事情。

有人常常把"说起来容易做起来难"这句话挂在嘴边，如果是我的学员，我一定会批评他。试想，当他认为说起来容易做起来难的时候，是不是会因想到"做起来难"而止步不前？我们的观点是："说起来容易，做起来更容易，做好需要刻意练习。"

学了就去用，有效就获得了经验，无效就得到了反馈（没有失败，只有反馈），这个反馈提醒我们修正方向，接下来继续想办法找资源，反馈能让我们进步更快。

凡是值得我们去做的事情，都值得开始时做得一塌糊涂！

我的"NLP与教育整合"启蒙老师李正太先生曾说过：学习有三重境界，初学时震撼，学完不稀罕，多是看客。震撼种子一旦扎根，不亦乐乎，则成为凡客。至于望尽天涯路，灯火阑珊，那是极客。

是做"看客"？还是做"凡客"，或是做"极客"？选择权在你。

愿NLP给你插上一对智慧的翅膀，在成就自己成功快乐的人生的同时，照亮孩子的成才之路！

附1：厌学辅导

liyyln，六年级学生，朋友刚开始介绍时说孩子有学习障碍，老师劝家长不要让孩子参加小升初考试，说成绩太低对孩子有负面影响，十天前来我这里做过第一次辅导。

我从孩子父母那里了解到一些情况，据他母亲说，孩子从5岁开始就学小提琴，学了几个月，孩子把小提琴摔了，不学了，又开始改学钢琴，学了几年，孩子也不愿意学了，又开始学习英语口语。并且，钢琴、口语在市级比赛中都获得过名次。一、二年级学习成绩还可以，三年级以后成绩越来越差。

虽说成绩差，但是，这个孩子动手能力很强，家里面的简单的电器都是他安装的，还能帮他的母亲修理缝纫机。更有意思的是，英语几乎是零基础的他（play不知道是啥意思）能通过上网把一些简单的英语说明书看懂。

第一次辅导时，一起跟来了六个大人，孩子很紧张。我呢，也主要是了解了一些情况。

语文，看了一段课文，复述得很流畅。但一说背诵，孩子就说背不过。英语，最基础的单词不认识。我尝试教他用新的方法背诵sport，孩子很容易背了下来。但是，只要一提学习他就说头痛，对学习很抵触。让他说说他的小发明，他给我画了一个电路，电池、导线、开关、电机。我问他，为什么喜欢这些小发明，他说，有意思，有成就感。我试图通过NLP技术调整一下孩子对学习的感受，看到孩子对学习那么抵触，同时也发现他有些疲劳，就放弃了。

辅导结束后，我和家长说，孩子没有学习障碍，让他们放心，需要调整的是对学习的感受。

第一次辅导过了好几天，也没有孩子的消息，我原以为家长放弃了。没想到，今天中午孩子的母亲又来电话，希望继续辅导，于是，约晚上做第二次辅导。

这一次，孩子不像上次那么拘谨（据说上次孩子以为家长在给他找寄宿制学校），只有他母亲跟他一起来了，环境相对安静些。

师：知道你妈妈为什么带你来我这里吗？

生：听说你这里有好的学习方法，但是，我讨厌学习。

师：你希望自己成绩好吗？

生：谁不希望，可是我总考不及格。

师：是不是说，你不是讨厌学习，你是发愁没有办法考出好成绩？

生：我所有的方法都用了，就是学不好，我一点信心也没有了。

师：你都用了哪些方法？

生：先是学音标，然后是死记硬背，再就是用软件学习，我都学不好，单词就是记不住。

师：我们上次记了一个单词，你还记得吗？

生：记得，sport。

师：这么长时间了你都没忘，怎么说你记不住呢？

生：也是，你这方法比我那超级学习法还好（他妈妈花钱给他买了超级学习法的材料）。

翻开英语书，让孩子将不认识的单词圈起来，再次训练记单词的方法，当单词解决后，孩子懂得了这句话的意思，孩子很高兴。

接下来就是对孩子的学习感觉进行调整：

1. 设置心锚。

玩游戏：电路图—开关—灯泡亮—高兴、有成就感。

师：这种成就感出现在身体的哪个部位？

生：头部。

让孩子想象头部就是一个大灯泡，两个手指是开关，一接触（同时我发出"嘣"的声音），灯亮，头部舒服。

这个游戏，做了十来次，当我发出声音时，孩子两手指接触，同时孩子发出爽朗的笑声。

2. 亚感元调整。

师：想到学习，你有什么感觉？

生：心烦，不想想。

（做游戏，想学习，我发出"嘣"的声音，他接通开关。做了两次）

师：你的心烦在哪个部位？

生：（指了指头部）

师：这个心烦像什么？

生：像一个大球。

师：有多大？

生：半个屋子那么大。

师：什么颜色？

生：红色。

师：是重的还是轻的？

生：重的。

师：是热的还是凉的？

生：很热，我不敢碰。

我觉得，凉、热可能是他的关键亚感元，所以准备从这里入手。

师：有没有办法让它凉下来？

生：可以，把它放在冰箱里。

师：那需要多大的冰箱啊？

生：做一个，在球的外面缠上氟管，通上电。

师：好啊，现在我们就做。先缠上氟管，注入氟，现在准备通电，你的开关在哪里？

生：在这儿。（孩子边说边向我伸了伸两个拇指）

师：好，准备……"嘣"。（随后嘱咐他多通一会儿电）

师：现在怎么样？

生：变凉了，我敢用手摸了。

师：这个球是重的，想变轻吗？

生：不想，我想把它炸掉。

师：怎么才能把它炸掉呢？

生：装上炸药。

师：好，你就装吧。（过了片刻）

生：装好了。

师：开关在哪儿？

生：我这是遥控爆炸，没有电线。

师：没有电线，但要有开关啊。开关在哪里？

生：（跟我摆了摆拇指）

师：预备……"嘣"……怎么样？

生：变成了一片废墟。

师：看到它还烦吗？

生：不烦了。

师：现在想想你的学习，感觉怎么样？

生：挺好的。随即又说，我又烦了。

师：什么让你又烦了？

生：我看到了一群人，他们要把我送入寄宿制学校。

师：都有谁？你能看清楚吗？

生：有我妈妈、我爸爸，还有我老姨，能看清楚，他们都看着我。

师：他们是怎么看着你的，是面带笑容吗？

生：不是，冷冰冰的。

师：谁的脸色最难看？

生：我爸爸。

师：如果你要给他画一幅漫画的话，会怎么画？

生：把他画成瓜子脸。

师：想象这群人里的他变成了瓜子脸，会怎么样？

（听我这一说，孩子笑了）

师：你看着他们，问问你妈妈为什么要送你去寄宿学校？

生：我妈妈说让我锻炼锻炼独立能力。

师：你看到的哪些人有独立能力？

生：街上要饭的，流浪汉。

（听了孩子这句话，我吃了一惊。让孩子去寄宿制学校，孩子有一种被抛弃的感觉，他并不懂大人所说的独立是怎么回事）

师：还有呢？

生：还有那些寄宿的孩子。

师：想想，再过十年，你在做什么？

生：再过十年，我二十三岁，应该上大学。

师：妈妈和你一起去上大学吗？

生：当然不是，是我自己上。

师：那是不是需要独立能力？

生：是的。

师：想想过二十年以后，你在做什么？

生：应该结婚了吧。

师：当然，如果那时候还没结婚，你妈都会着急的，有孩子了吗？

生：没有，应该没有。

师：那就想你三十四岁的时候，你孩子多大了？

生：和我现在这么大吧。

师：你希望他独立吗？

生：我希望他独立，但是，如果他不愿意，我不会把他送寄宿学校，我会尊重他的意见。

（因不想说服他去寄宿学校，所以关于去寄宿学校的引导就没继续下去）

师：现在想想学习，怎么样？

生：很快乐啊！

师：英语会学了吧。还有哪一科学不好？

生：语文。

师：语文哪里不好？

生：字我认识，但不会写。

师：这太简单了，英语单词我们都会写，汉字有什么难的。如果你会写字的话，语文能及格吗？

生：那肯定能及格了，我能考80分。不会写的字我多写两遍就行了。

师：不行，为啥要多写两遍，用我们那个比超级学习法还好的方法，一遍就行。

我随手翻开他的语文书，指着"藤"字，问他认识不认识，他说认识，并念了出来。我指导他脑中成像，然后把字写出来。

他看了一遍，写到一半就记不得了，然后偷偷地瞄那个字。我问他是不是想偷着看一眼，他不好意思地笑了。我说，我不看，你偷偷看一眼吧。他用手挡住了我的眼，再写，正确。

随后我问：你确定你写的正确吗？他说：应该对吧！然后从我手中把书抢了过去，看了看，很自豪地说写对了。

用同样的方法，让孩子又写了"裙""兜"两个字，都对了，孩子很有成就感。

随后我告诉孩子，学英语的时候，先不管能不能看懂，把不认识的词圈起来。再在网上查，用刚才的方法记。记完后难为难为他的妈妈，让她在你看的那段中找到你不会拼的单词，因为这时候你已经全会了，她很难找到，语文也是这样（孩子笑了）。

这次辅导，孩子的妈妈始终在身边。辅导后，我又指导了孩子的妈妈和孩子一起学的方法，让她明天就语文、英语两个学科和孩子一起学习，检测孩子的时候，先用比较简单的生字、单词，让孩子有成就感。

　　整个辅导过程，孩子很快乐，我看到孩子有学习态度的变化，也很高兴。同时也为自己能用NLP技术帮助孩子而高兴，所以简单记录一下。希望孩子的妈妈能学到我辅导的方法，让孩子在愉悦的感觉中去学习。

附2：优秀的秘密

各位同学、各位家长、各位老师，大家好！

首先，我祝各位同学儿童节快乐！能够在这个特殊的日子，为同学们送上这份特殊的礼物，我非常高兴。

前面主持人简单介绍了我的一些情况，我不敢称是专家，只是一个幸运的、幸福的老师，我的幸运在于我遇到了一门神奇的学问——NLP，正是这门学问让我真正体会到了做教师、做家长的幸福。至于什么是NLP，今天暂且不作详细介绍，你知道它属于心理学，又被称作"大脑的使用说明书"就够了。如果你感兴趣，可以把这三个字母记下来，此次讲座结束后在网上搜一搜。

我研究NLP与教育整合快20年了，如果同学们在学习上遇到了什么困难、有哪些困惑，可以跟我联系，如果家长和老师在孩子教育、学生教育方面遇到了什么困难，也可以跟我联系，我会尽力给大家一些支持。今天在这里，我为大家揭示优秀的秘密。

我相信每个同学都希望自己能够获得好成绩，都希望自己变得更优秀，也都希望自己将来能成为一个对社会有用的人才。那么，如何让自己变得优秀？最简捷的方法就是"向有结果的人学习"。

在你的周围一定有一些非常优秀的同学，当然你可能就是优秀中的一员。我坚信，优秀是有方法的。优秀的人一定有其独特的思维模式和方法，如果能把这些提炼出来，复制给你，你也能变得优秀。

基于这种考虑，昨天我邀请了三名非常优秀的四年级的小学生想一探究竟。我把他们请到家里，买了一个大西瓜和一些他们爱吃的零食，我们边吃边聊。通过聊天，我发现了他们优秀的秘密。

秘密1：他们志存高远。

聊天时我问他们：学好了，可以给你带来什么？

大家也可以跟着这个思路想一想，学好了可以给你带来什么？

其中一个小男孩说，长大后要当警察，学习好了就可以实现他的理想。

"为什么要当警察呀？"我问他。他说当警察的话，可以让社会上的暴力越来越少，可以去保护那些处在危险边缘的人，还能够教育和挽救那些实施犯罪的人。

我问他，当他想到自己当了警察，通过努力，社会上的暴力事件越来越少，处在危险边缘的人得到救助，犯罪分子也越来越少的时候有什么感觉？

他说，很有成就感，想到这些就越想好好学习。

第二个小朋友说长大后要当画家。他特别喜欢画画，希望自己能够为小学课本画一些插画，他想成为真正的画家，特别想画一部像海贼王或者火影忍者这类的漫画，还想办个人画展。

我问他，学习好了和你画画有什么关系呢？他说，他爸爸一直对他说，不管将来干什么，学习都是最简单、最轻松、最直接的途径。虽然他暂时不知道学习好了对画画有什么好处，但他坚信一定有好处。

我问他对于一幅好的作品来说最关键的是什么？是技法吗？他说不全是，要画出那种"深意"。这就要求画画的人有底蕴，有文化，脑子里有东西才能轻松画出来，才能通过画表达出来。

听到这儿，我不禁在心里为这个小朋友点了一个大大的赞。

我问他，当想到自己成了画家，为小学课本画了插画，也有了深刻内涵的优秀作品时，有什么感觉？他说他更想努力学习。

第三个小朋友说长大了要当科学家，要研究更先进的武器，让我们的祖国更强大，想到这些就觉得很有动力。

综上，我们不难看出——梦想让他们动力十足。

此外，你是不是发现了这三名同学的目标都有共同点？他们不仅仅局限于我要考个好成绩，而是都在想长大了、学习好了为别人、为社会做什么。

这是我特别要跟同学们强调的，所以，我把优秀的第一个秘诀叫志存高远，就是在制定目标时要把格局放大。

说到这里，我想到了一个故事：一位妈妈带着她的儿子去超市，走在半路上的时候，遇到了一个乞丐。妈妈对儿子说，你要好好学习，如果不好好学习的话，将来吃不上饭，只能沿街乞讨，他就是你的榜样。还有一位妈妈，同样是领着她儿子去超市，在途中也遇到了这个乞丐，这位妈妈说，你看见那个乞丐了吧？你要好好学习，将来要让他们能吃饱穿暖，有一份稳定的工作，衣食无忧。

好，现在对比一下，如果让你选择，你的目标是选择不成为乞丐，还是选择要让这些人吃饱穿暖呢？

我在北京新学道工作的时候,新学道所有的学生都会唱一首歌《让世界因我而美丽》,想不想听?好,我们一起来听一听(播放歌曲)。

啦啦啦
我是因为爱这个世界才来
继续我伟大美好
无私的梦想而来
我要成为这
世界上最美的种子
让世界因我而美丽
生命是上天赋予
我最大的财富
我是自然中
所有奇迹中最大的奇迹
我要通过改变自己来改变世界
让世界因我而美丽
我要带着梦想满怀希望
让自己像花一样绽放
我要创造奇迹放飞梦想
让生命因我而飞翔
生命是上天赋予我最大的财富
我是自然中
所有奇迹中最大的奇迹
我要通过改变自己来改变世界
让世界因我而美丽

我要带着梦想满怀希望

　　让自己像花一样绽放

　　我要创造奇迹放飞梦想

　　让生命因我而飞翔

　　让世界因我而美丽

　　让世界因我而美丽

　　让世界因我而美丽

　　……

好，歌曲听完了，是不是很好听？歌词写得非常好、特别励志。"我是自然界最伟大的奇迹，我要通过改变自己来改变世界，让世界因我而美丽。"

请同学们记下一句话，"你现在脑子里未来的样子，就是你未来将要成为的样子。"我再把这句话重复一遍："你现在脑子里未来的样子，就是你未来要成为的样子。"

所以，我建议各位同学，从现在起在心里埋下一颗优秀的种子。

秘密2：他们都拥有成长型思维。

有的同学不喜欢学习是因为他心存恐惧：害怕在学习中遇到困难，害怕考不好，害怕听不懂，害怕做错题，害怕被老师批评等。

在和三个小朋友聊天的时候，我问了这样几个问题：

第一，当你在学习中遇到困难时，你会怎么想？遇到不会做的题目时，你会怎么办？

第二，你是愿意做具有挑战性的题目，还是愿意做简单的能做对的题目？

第三，如果作业中出错，试卷上有好多大叉子，你有什么感觉？

第四，如果课上你回答问题答错了，你会不会觉得难堪？

各位同学，当我把这些问题提出来的时候，你心里是不是已经有了答案？

好，我们来看看这三个小朋友是怎么说的。

问："当你在学习中遇到困难时会怎么想？"他们说遇到困难就找老师啊！"遇到不会做的题怎么办呢？"一个小朋友说，可以问问老师，可以问问同学，因为我知道，即使我当时不会做，但是我问了老师、问了同学以后我一定会做呀！"不懂就问"，另一位小朋友补充说。

问："你是愿意做具有挑战性的题目，还是愿意做简单的能做对的题目？比如，有两张试卷，其中一张试卷具有挑战性但是你未必能够得满分，或许你只能得60—70分。而另一份试卷，你只要认真做就能得满分，你愿意做哪个？"

三个同学都说愿意做挑战性的题目，觉得简单的题目没意思。并且说只有不断地挑战自己才能进步，才能提高成绩。

第三个问题："如果作业中出错，试卷上有好多大叉子，你有什么感觉？"

其中一个小朋友说，从表面上看做错题不是好事。但从另一个角度看，出现错误说明你学习中有漏洞。作业中的错误就把这个漏洞找出来了，如果在漏洞比较小的时候把它弥补上，就不会在学习上出现大的窟窿。

这个小朋友说得非常有道理，大家想想，是不是这么回事？

作业的目的，一方面是巩固课上所学，另一方面就是查找学习中的漏洞，所以作业中的错误也是你认真做作业的成果，将通过作业查找出来的漏洞补上，就学到了新知识，就能提高成绩，想到这些，你还害怕在作业中出现错误吗？

最后一个问题："如果课上你回答问题答错了，你会不会觉得难堪？"他们都说不会，将来要做画家的小朋友说："或许这个错误答案就是为将来能找到正确答案做的铺垫。"我说："这句话说得很有哲理啊！这是老师教你的，还是你父母教你的？"他说都不是，不知道怎么就说出来了。他接着说，失败是成功之母，当他回答错了的时候，就会认真去听别人怎么回答以及老师的讲解，收获就会更大。

你看，这三位同学在学习中，都有积极的学习心态：不怕困难，不怕遇到挑战，在作业和考试中也不怕出错误。

他们认为遇到挑战和犯错误，都是好事，都能够让自己进步和提高，这就是成长型思维。

成长型思维，是美国斯坦福大学的德韦克教授和她的团队历经40多年研究总结出来的。

她认为，人的思维模式有两种：一种叫成长型思维，另一种叫固定型思维。

两种不同思维模式的人在遇到困难时的应对方式是不同的。我们来了解一下：

成长型思维相信人的智力和能力可以通过努力来改变。大脑就像肌肉，你越训练它，它越会成长。大家都知道，要想让肌肉变得更强壮就得训练，同样要想让自己变得更聪明、更有能力也需要训练。后面一句话：大脑神经元链接的形成和加深，大多数是在做一些困难的事或犯错误的时候。也就是说，在我们大脑中有很多的神经元，如果神经元之间的链接比较多、比较牢固的话，就是说这个人很聪明、很有能力。怎么样才能让自己变得更聪明、变得更有能力呢？成长型思维告诉你，大多数是在做一些困难的事和犯错误的时候。所以，做困难的事可以让你变得更聪明，犯了错误及时把它改正过来，也能让你变得更聪明，更有能力。当我们去做一些有挑战性的题目时，做一些对自己有挑战性的事情时，是让你的智力和能力发展更快的时候。因此，拥有成长型思维的人，做事不易放弃，并且更能以积极乐观的心态来面对困难和挫折。

你看那三个小朋友在面对学习中的困难和挫折时，他们的心态是不是非常积极呢？他们更能从过程中享受到乐趣，他们做有挑战性的题目，觉得更有意思。这样，他们的智力和能力也会越来越强。这就是成长型思维。

接下来我们看固定型思维。固定型思维认为人的智力和能力是一成不变的，觉得个性和天赋都是生来就有的，自己不能改变，意思是说聪明不聪明是天生的。大家有没有听过这样的说法？说某同学学习好是因为他天生聪明。这种说法是不对的，前面我们说了，聪明不聪明是可以通过努力来训练的。对于拥有固定型思维的人来说，他特别希望自己在别人眼中是聪明的，特别怕别人说他不聪明，所以就害怕失败，就不愿意去做一些有挑战性的事情。就像前面我提到的，如果有两张试卷的话，他会选择做简单的得高分的，因为高分可以让别人觉得他更聪明。

拥有固定型思维的人，不愿意尝试自己不擅长的领域，在遇到困难挫折时会陷入焦虑苦闷，不易摆脱，因而拒绝接受挑战，面对困难，所以他们的智力和能力的发展都会受到限制。

当我们了解了这两种思维模式的特点，再看这三个小朋友，是不是都拥有成长型思维？

那么，你是选择做一个拥有成长型思维的人，让自己的智力和能力得到发展呢？还是选择做一个拥有固定型思维的人，让自己的潜力受到限制呢？

秘密3：他们都很珍惜现在所学的知识。

在聊天的时候，我问了他们一个非常具有挑战性的问题：你们跟老师、跟课本学习的知识是从哪里来的？好，我们还是来听听他们是怎么说的。（播放录音）

生：就是前人们研究出来的。

师：是多少个前人研究出来的？

生：无数、无数的前人。

师：他们是怎么研究的？

生：从生活中发现的，是经过长久观察研究出来的。比如，我们学的课文《壁虎》，就得观察它是怎么爬上墙的，要经过很多年观察才能得出结论。

师：正如你们所说，知识是经过很多代人，不断地观察，不断地探索，不断地总结才得出来的，你们觉得这些知识怎么样？

生：很珍贵、很难得。

师：当你想到这些知识很珍贵、很难得的时候，你会觉得怎么样？

生1：我觉得能学到这些无价之宝很幸运。

生2：这些好的东西都能免费学到我们的脑袋里，我们还可以把这些东西传给下一代的人，这样知识就永远都不会被遗忘。

生3：我们的下一代可能会研究一些其他的东西，这样知识就会越来越多。

师：将来你们想不想把你们的研究成果也写到书里？

生1：想过，但是我不知道能不能做到。

师：先别想能不能做到，第一步是敢想。当你想象着把你的研究成果写到书里传给后人，也让他们能免费学习的时候，会怎么样？

生1：我会感觉特别骄傲，也很开心。

生2：我们也可以推动社会的发展。（播放完毕）

听到了吧，他们都认为现在学到的知识是无价之宝，能够免费学到这些是非常幸运的，所以会非常珍惜现在所学的知识，非常珍惜现在在学校学习的机会。

爱因斯坦在他的《论教育》中有一段类似的表述："要记住你们在学校里所学的那些奇妙的东西，是多少代人的工作成绩，是由世界上每个国家的热忱的努力和不懈的劳动所产生的，这一切作为遗产交到你们手里。使你们可以领悟他、尊重他和增进他，并且有朝一日又忠实地转交给你们的孩子。这样，我们这些总要去世的人就会在共同创造的不朽的事物中得到永生。"

好，你是不是发现这三个小朋友和那个伟大的、为人类社会做出杰出贡献的科学家爱因斯坦对知识的理解完全相同？当我们聊到这里的时候，我又发自内心地给这三个小朋友点了一个大大的赞！

秘密4：他们有更好的学习方法，知道怎么学习更高效。

在聊天的时候，我问他们是怎么背课文的？将来要当警察的小朋友说他背课文特别快，几乎看一遍就可以记住。我问他是怎么背的，他回答我四个字"沉浸其中"。我问什么是沉浸其中？他说自己也说不好,但知道怎么做,按着方法做几乎看一遍就能记住。

我说,你说不好,老师说说试试。"在读课文的时候,你的脑子里边会不会出现一些画面?"他说是。同学们在读书时脑子里面出现画面吗?好的,我们来看一篇文章,这是我在小学三年级语文课本中找到的一篇文章,题目是《有不懂的就要问》。

孙中山小时候在私塾读书。那时候上课,先生念,学生跟着念,咿咿呀呀,像唱歌一样。学生读熟了,先生让他们一个一个地背诵。至于书里的意思,先生从来不讲。

我把这一段念了一遍。所谓沉浸其中,就是在念这一段的时候,根据文字,在脑子里不断出现画面。好,我们试一试,看第一句"孙中山小时候在私塾读书。",你脑子里是不是出现一个人——孙中山。有同学说,我不知道孙中山长什么样子,这也没关系,脑子里出现一个跟着私塾先生读书的小孩就行,课本给了插图,我们也可以看看插图。知道什么是私塾吗?私塾就是以前比较富裕的人家重视孩子的教育,于是请一位老先生,给几个孩子一块上课。私塾和咱们现在的学校不太一样,老先生只带几个学生,可能有同学在电视剧里看到过。读一句,脑子里就出现相应的情景。我们接着往下看:"那时候上课,先生念,学生跟着念,咿咿呀呀,像唱歌一样。"看到这一句,脑子里是不是出现孙中山跟老师念书的情景?一个个摇头晃脑像唱歌一样。后面一句:"学生读熟了,先生就让他们一个一个地背诵。至于书里的意思,先生从来不讲。"你脑子里是不是出现这样的情景:老先生把孩子们叫到前面来,一个一个地背,背不过就拿戒尺打手板?

这位同学的方法就是边看文字边出图。现在你脑子里是不是有很多画面?看着这些图,你是不是差不多就背下来了?好,这是

"沉浸其中"的一部分。此外，我们在读书的时候，可不可以想象自己就是孙中山？先跟着老师咿咿呀呀地念，自己很快就背熟了，但是不知道书中讲的是什么。如果你是孙中山的话，会不会有些着急？是不是希望老师给讲一讲？这就是沉浸其中。当然，你还可以把自己想象成孙中山的同学，甚至想象成自己就是那位老先生……

大家学会了吗？这就是沉浸其中。第一，脑子里出图。第二，把自己结合进去，想象自己就是故事中的人物，体会他当时的心情。这样读书，你会觉得课文中的故事特别有意思。

我在另一册语文书上找的一篇文章《小虾》，你尝试着脑中出图，让自己沉浸其中，看看能不能看一遍就背下来。

院子里的葡萄架下，一口缸闲着。夏天，积了大半缸雨水，从葡萄架的空隙里漏下的阳光，洒落在水面上，像许多大大小小的圆镜。我想，这缸不正好用来养小鱼小虾吗？

我和邻居阿成哥跑到村边小溪里，在竹荫下静水处，轻轻掀开小石块，或者把手伸到大石块下，捉了一些小虾，带回家养在缸里。这些小虾，有的通体透明，像玻璃似的，这是才长大的；有的稍带灰黑色，甚至背上、尾巴上还积着泥，长着青苔，这是老的，大家叫它千年虾。

怎么样，这样背课文是不是既快又觉得文章很有意思？优秀的学生都有更好的学习方法。

秘密5：他们都知道老师和家长严格要求是对他们好。

在聊天的时候，有一个小朋友提到他的老师要求非常严格。我问他是怎么严格的，他说，有一次老师要求把字写好，那一次他写得非常认真，手腕都写酸了，结果还是被老师要求重写。当时他很不理解，但正是因为老师要求高，他对自己的要求也非常高，字也写得越来越好。想到这些，他说很感激老师。

同样，同学们在学校也可能会遇到一些很严厉的老师，当然有些家长对孩子的要求也非常严格，那么我们怎么对待家长和老师的严格要求呢？你可以选择抵触、和老师对抗或者干脆不再交作业了，这样做的结果会是什么呢？当然，你也可以选择按照老师的要求高标准要求自己，你的标准高了进步也会越来越快。

有些同学遇到了严格要求的老师就很不喜欢，甚至都不愿意去上学了。在我辅导时就遇到过这样的学生，我说对于一件事，关键在于你怎么去解读它。如果你觉得老师批评让你很受伤，你就会觉得很不舒服。反过来，如果你觉得正是因为老师的严格要求，才让你提高了标准，让你能够取得更大的进步，这样的话，你就可以从中受益。

我还是给大家讲一个故事吧。我曾经教过一个学生，这个学生在初三的时候成绩很差，如果按照老师们当时的判断，他连最差的高中都考不上。一次，他拿着物理书去问老师问题，这个物理老师很严厉，冷冷地对他说："像这么简单的问题你都不会做，别忙活了，再努力你也考不上高中。"大家想一想，如果你的老师对你说了这么一句话，你会怎么样？有没有一些同学会觉得很受打击？你会不会很讨厌这位老师？甚至不去学校了？但是他并没有让自己成为一个受害者，而是暗下决心，一定要考到丰南一中（当地最好的高中）让这个老师看看。在随后一个月的时间内，他经常学到很晚，困了就用凉毛巾擦把脸，这样不到一年的时间，他以优异的成绩考到了丰南一中。他被分到了我那个班，因为中考成绩很好，所以我选他当了学习委员。进入高中后，他依旧那么勤奋，高考考取了南开大学，又在南开大学上了研究生。后来去美国念了博士，在美国工作了8年后回国，到北大做了一名教授。

我给同学们讲这个例子，就是想提醒同学们：同样一件事，我们可以从不同的角度去看待，你可以把自己看成非常弱小的受害者，也可以从这件事情中获得力量。

老师的严格要求，可以成为你优秀的资源，让你变得更优秀，也可能成为你变得优秀的"敌人"，让你一蹶不振。是成为资源，还是成为敌人，选择权在你。

有的同学说，我们老师说话特别不好听，我该怎么应对呢？在这儿我教大家一个方法，那就是多看老师做得好的地方。老师说话不好听，但是他可能教课非常认真，对同学要求也非常严格，这是他负责任的表现，只是他不会好好说话而已。这时候你可以对自己说，老师也是人，也有自己的短处和不足，他的发心是好的，只是他不会用更好的方式表达而已。

秘密6：他们可以理性地避免干扰。

在聊天时，他们也提到在家上网课和在学校上课不太一样。上完网课后有很多同学会跟他们联系，在群里闲聊，刚开始觉得挺有意思，到后来发现聊天太耗时间了，于是就退群了，现在他们几乎不在网上闲聊。

我问他们玩手机游戏吗，他们说玩，都是周六、周日玩，家长会限定时间。还有一个小朋友说自己原来特别喜欢玩儿，现在不怎么玩儿了，说没意思。以前他玩吃鸡游戏，玩输了就特别想赢一局，如果没人管他可能会玩一天，甚至连晚上也要玩。有一次玩的时间太长了，妈妈很生气，把手机没收了。他说妈妈没收手机的时候,他正打在兴头上,所以也很生气。我问他接下来是怎么做的,他说,"我也没办法呀,就跑到自己屋子里,用被子把头盖上,告诉自己要冷静。"你看这个孩子多么理性啊。我接着问,冷静的结果是什么?他说,"我静下来想了想,觉得妈妈管我还是对的,如果妈妈不管我的话,我就会没节制地去玩,可能玩一天甚至连续几天都玩,这样既耽误了时间,同时我还想到一个问题:假如我连玩游戏都控制不住,我将来怎么当警察呢!"他接着说,他已经把吃鸡游戏戒了,现在偶尔玩玩妈妈手机上的一些小游戏,一次也就玩那么一两局,放松心情。聊到这儿,我觉得这三个小学生都很理性,他们有一个非常重要的素质——善于管理自己的情绪。我接触过很多孩子,多数不是这样的,妈妈不叫玩就开始跟妈妈吵,实在不行就跟妈妈打。他们不是靠理性去管理自己,而是由着自己的性子来。把家里搞得鸡飞狗跳的,把自己的成绩也搞得一团糟。

秘密7:考试不紧张的秘密。

在聊天快结束的时候,将来要当警察的小朋友说他一到考试就非常紧张,紧张得手脚冰凉,平时成绩很好,一到考试就考不出好成绩来。

我问他一到考试会想什么,他说:"我会想万一考不好,万一遇到难题了该怎么办?"我问他,如果考不好的话会怎么样呢?他说怕老师罚他。我问他:"当想到考试时有不会做的题,考试成绩不好,老师会罚你,会怎么样?"他说会很紧张。接下来我问另外两个小同学,考试时紧张吗?他们说不紧张,我问他们考试的时候想什么,想当画家的小同学说:"因为前面考得都很好,考试的时候我很有自信,我特别相信自己能考好,所以就不紧张。"我就对那个考试紧张的同学说,听到了吧,考前你们脑子里面想的是有区别的,你想的是万一考不好的话老师会罚你,而他们想的是,我一定能考好,这就是区别。这个小朋友悟性非常高,他说,老师我明白了,下次考试的时候我就想在一年级的时候我考得很好,这次我也能考好,这样的话我就更有信心了。我告诉他们,记着考前不要想"万一我考不好了会怎么样",而是去想"如果考好了我可以得到什么"。此外前面也提过,如果考试中出现了错误,是让你及时找到了知识上的漏洞,是好事。也就是说,如果你在考试的过程中遇到了不会做的题,或考试时把题做错了,对你来说都是好事,让你能够及时把这个漏洞补上。所以老师送给你两句话。第一句:"我也得了满分,只是比别人晚一些而已。"我给他解释说:考试的时候你某道题做错了,是不是就没有得满分?但是这个错的题恰恰是把你的漏洞找出来了,找出来后及时把漏洞补上,把这个知识弄懂了,这时这张试卷上的所有题你都会做了,如果再考的话你也可以得满分,只是你比别人晚了半天而已。因为你的目的是学到知识,补上知识漏洞。好,我们再想,假如这张试卷所有的题你都做对了,你想一想,如果老师不出这张试卷的话,这些题目是不是也都会做?他说是。我说,如果是这样的话,那么这次考试就相当于你把原来会做的题重新做了一遍,对你的进步价值并不大。假如你在考试中错了一道题,如果老师不出这张试卷,你知道这道题你不会做吗?他说不知道。"那么,你是不是通过努力、通过思考才把这个漏洞找出来了?考试做错题也是你努力的成果。理解了吗?"他说理解了。

老师要告诉你的第二句话:考好了要高兴,考不好要庆幸。考好了,当然要高兴,这会让自己更有信心。考不好要庆幸,庆幸什么？庆幸你及时把漏洞找出来了，补上就进步了。听到这儿，这个孩子长出了一口气，说心里轻松多了，也不再怕考试遇到难题了。

整个聊天用了一个多小时，这三个小同学给了我很多的惊喜，他们告诉我优秀是有原因的，这个原因不是聪明或不聪明，而是他们有一套很好的学习策略和调整心态的方法。这些，让他们学得很优秀，同时也很快乐。

优秀是可以复制的，他们这么想这么做可以变得优秀，同样你这么想、这么做也可以变得优秀。

好的，今天就和大家分享到这里，祝小朋友们学习开心，学有所得，记着"让世界因我而美丽"。谢谢大家！

（作者根据2022年6月1日为唐山市丰润区第二实验小学所作公益讲座整理）

附3：作者的NLP与教育整合研究记事

2004年，偶遇安东尼·罗宾的《激发无限的潜力》一书，首次接触并开始学习NLP。

2008年1月，参加李正太老师的教育咨询师培训，确立了"NLP与教育整合"研究方向。

2008年3月，发明价值线技术。

2008年8月，首次到外校（钱营一中）为老师们作《NLP与教育整合》讲座。

2009年，首次将亚感元调整技术用于偏科辅导。

2010年，总结出NLP高效阅读指导技术，并用于偏科辅导。

2011年，根据电视剧《亮剑》第一集总结出考试焦虑调整技术。

2014年，开发了《NLP智慧家长》课程，并完成首期培训。

2015年，总结出偏科调整流程、考试焦虑调整流程。

2016年，开发了《NLP学习指导师》课程。

2017年，总结出《学习动力系统理论》。

2018年，开发了《中学生超级学习力》课程。

2018年，开发了《NLP沟通智慧》（教师版）课程。

2019年，开发了《NLP与成长型思维》（家长版、教师版和学生版）课程。

2019年，完成《方法对了，教育就简单了》初稿。

2020年，完成《学NLP，做智慧父母》初稿。

2021年，举办第一、二期《NLP学习指导师》培训。

2021年，出版《方法对了，教育就简单了》。

2023年，总结出《五步阅读法》及《NLP结构化教学法》。

2024年，完成首次《NLP结构化教学》培训。